拓耕实业——鞠躬尽瘁——师范父教——点石成金

平凡的人生

徐以海 编著

山东人民出版社·济南
国家一级出版社 全国百佳图书出版单位

图书在版编目（CIP）数据

平凡的人生 / 徐以海编著 . -- 济南 ： 山东人民出版社， 2022.7
ISBN 978-7-209-13843-7

Ⅰ. ①平… Ⅱ. ①徐… Ⅲ. ①张元开 – 事迹 Ⅳ. ① K825.38

中国版本图书馆CIP数据核字(2022)第068844 号

责任编辑：魏德鹏
封面设计：张丽娜

平凡的人生
PINGFAN DE RENSHENG
徐以海 编著

主管单位 山东出版传媒股份有限公司
出版发行 山东人民出版社
出 版 人 胡长青
社　　址 济南市市中区舜耕路 517 号
邮　　编 250003
电　　话 总编室（0531）82098914
　　　　 市场部（0531）82098027
网　　址 http：//www.sd-book.com.cn
印　　装 青岛国彩印刷股份有限公司
经　　销 新华书店

规　　格 16开（170mm × 240mm）
印　　张 11.75
字　　数 143 千字
版　　次 2022 年 7 月第 1 版
印　　次 2022 年 7 月第 1 次
印　　数 1–2000
ISBN 978-7-209-13843-7
定　　价 48.00元

序

张元开是沂蒙山区一位土生土长的企业家。在他身上突出体现了沂蒙人所有的那种纯朴、执着，那种忠诚、担当，那种吃苦、奉献，沂蒙精神在他身上得到了最好的诠释。

20 世纪八九十年代，我在沂南县工作期间，认识和了解了张元开。张元开出身贫寒，20 世纪 50 年代，他白手起家，在新中国还比较困难的时期，团结带领工人为企业找到一条正确的发展之路，历经几十年的坚守，将沂蒙山区一个名不见经传的生产小手工农具产品的铁木业合作社，发展成中国轴承行业的后起之秀。张元开将他率直的品格和坚定的信仰化作一束至纯至强之光，为沂南早期工业发展起到引领和表率作用。

早在 1958 年，张元开便因成绩突出，入选全国青年社会主义建设积极分子，代表临沂青年工人进京接受表彰；1969 年 4 月，他光荣出席了中国共产党第九次全国代表大会；同年 10 月，他又被选为“国庆 20 周年观礼团”成员，登上天安门观礼席，接受毛主席的检阅。

张元开的一生和轴承结下了不解之缘。20世纪60年代，他带领技术人员土法上马生产轴承，历经多次失败，依然初心不改、矢志不渝。1969年5月，当他们生产的首批轴承送往建设中的南京长江大桥时，张元开所在的机械厂受到大桥指挥部的高度赞扬与评价："沂蒙老区小厂创大业，山沟里面飞出金凤凰。"从此该厂的美誉远扬祖国的大江南北。因酷爱轴承，技术精湛，张元开破格当选为中国轴承工业协会技术委员会副主任。20世纪80年代，在他的带领下机械厂与国家机电部洛阳轴研所结成科研生产联合体，实现了科研技术与企业生产的联合。这一举措将科研成果运用到生产企业，使高端技术转换成高新产品，是国内轴承行业史上的一大创举。轴承事业就是他的命根子，他用一生的朴素情怀咬定轴承事业不放松，为之拼搏奋斗了整整一辈子。他用一生的实践，告诉我们，既然选择了创业这条路，那么无论如何都要坚守坚持，要勇敢扛起这面旗帜昂然向前。成功没有什么捷径，只有默不作声，兢兢业业，实实在在，一步步做自己能够做的事情。

机械制造业是一个国家的基础。对于我们这样一个人口大国来说，无论过去、现在还是将来，制造业都是强国固基的根本。张元开清楚地知道，在当时的基本国情下制造业的极度重要性。从进入轴承制造业开始，张元开便始终追逐着希望和光明，他把自己的命运与国家的命运联系在一起，用一生去追求、去奋斗，其间他所经历的困难和磨炼是常人难以想象的。在他身上生动体现了中华民族锲而不舍的奋斗精神。没有像张元开这样的企业家们的坚韧不拔、奋力拼搏，就没有我们国家今天的工业基础和工业地位。我们不能忘记他们为社会发展做出的贡献和努力。因此，我们应发自内心地尊重企业家，关心企业家，爱护企业家，支持企业家，服务企业家。

和许许多多的创业者一样，张元开的生活几乎都被工作占据，工作就是他的全部。当企业成为国家大二型企业、县第一利税大户、省机械系统五十强、工业轴承明星企业，他满可以坐享清福，可他始终保持着艰苦奋斗、勤俭节约的优良作风，一直遵循“五不”原则：从不枉花一分钱；出差在外，从不住高档宾馆；不进高级饭店；不游山玩水；不看名胜古迹。他一年行程二三十万公里，为赶时间黑白跑连轴转，饿了就啃上两口随身带的干粮，用他的话说，苦惯了，吃饱了不饿就行。他的办公室里，经常挂着一个方便袋，里面装着煎饼、馒头和咸菜，这通常就是他的中午饭。即使在食堂吃饭，他也不搞特殊，凭票餐饮，从不拖欠。在生活上从无奢望的张元开，忘不了的是国家，想着的是职工：他从不拖欠银行利息、国家税金；他从不拖欠职工养老金、工人工资；他舍得花钱投资建职工食堂、宿舍；他舍得花钱改善职工生活。他用一颗爱心，换来职工爱厂、以厂为家的效应。在他的领导下，职工个个拼命工作，企业效益连年增长。

企业家的精彩人生，都是靠自己一步一个脚印走出来的。那些站在人生巅峰的人，背后都经历了一番磨难与辛酸。张元开就是一个“明知山有虎偏向虎山行”的人。正如罗曼·罗兰所言：“世界上只有一种英雄主义，那就是认清了生活的真相后依然热爱生活。”张元开是一个从不向命运低头的人，他相信只要信念不倒，对生活充满信心，努力拼搏耕耘，勇往直前，总会东山再起、绝处逢生。企业家表面看上去风光无限，但只要选择了创业这条路，便意味着他们的一生从此将与压力、竞争、劳累、焦虑、狂躁结伴而行，再也不得轻松。一个企业领导人，如果没有坚强的革命意志、远大理想、奉献精神、大局意识、哲学理念、科学态度、政治远见，便不会成为真正意义上的企业家。当然，经不起大风大浪，没有历遍艰难险阻，也算不上企业家。当一个蓬勃发展正在兴起的企业，被迫无奈从手中失去后，企业家重新拾起并找回自信进行二次创业的时候，这种力量是无穷的，也是难能可贵的。人生最大的成功，就是经历并战胜挫折和失败。通过这本书，我们能清楚地看到，张元开创业的艰难及其心路历程，他义无反顾，无怨无悔，勇敢选择了一条坎坷艰辛且充满了挑战的道路，他旱地拔葱，一生创造两个企业，从沂南县轴承厂到山东沂蒙轴承厂，他一次次书写属于他的人生传奇。

2018 年，在张元开去世五周年之际，中共沂南县委、县政府授予他“改革开放 40 周年最具影响力感动沂南人物奖”。这是沂南县委、县政府对他一生的肯定，更代表了全县人民对他的悼念缅怀。

《平凡的人生》一书，既是张元开拼搏奋斗一生的写照，更是留给后人的一笔宝贵财富。张元开锲而不舍、百折不挠的创业精神将永远激励着人们踔厉前行！

牛泉然

2022 年 5 月 1 日

目录

序言 / 001

创业篇

激情岁月——往昔峥嵘岁月稠 / 001

01 九只红炉“闹革命” / 002

一、汶河岸畔春意浓 / 002

二、英雄找到用武地 / 003

三、志同道合开新局 / 004

四、红炉合唱开新卷 / 005

02 危难之时显身手 / 007

一、“巧手铁匠小诸葛” / 007

二、轴承种子埋心底 / 008

三、初燃之梦遭搁浅 / 010

四、挑起重担力争先 / 011

03 三间草棚干革命 / 014

一、初心不改再探索 / 014

二、先干起来再学习 / 015

三、庄户工厂干大事 / 016

04 念念不忘有回响 / 020

一、重拾梦想再起航 / 020

二、废寝忘食攻壁垒 / 021

三、山沟飞出金凤凰 / 023

四、再至首都享殊荣 / 025

05 文化情结绕心田 / 027

一、半工半读闯新路 / 027

二、人才兴企办学忙 / 029

06 千里迢迢攀高亲 / 032

一、精诚所至金石开 / 032

二、所企结合联动忙 / 033

07 置之死地而后生 / 037

一、花未绽放已凋落 / 037

二、大理石厂蜕变记 / 039

三、再开拔从头来过 / 040

08 重续前缘谱新篇 / 043
一、企所有缘再联手 / 043
二、产学互动结硕果 / 046

09 相见时难别亦难 / 050
一、一拖再拖成大患 / 050
二、为厂修史终成憾 / 054

处世篇

大爱人生—— 志高心澄天地宽 / 059

01 “低调做人、高调做事” / 060
一、“五不”原则秉初心 / 060
二、延迟退休写拼搏 / 062
三、夕阳红里有无悔 / 066
四、《沂蒙人》里有收获 / 069
五、一次演讲谈奋斗 / 073

02 管理秘诀聚动能 / 090
一、抓“管理”这个牛鼻子 / 090
二、重“人才”这个软实力 / 097
三、一诺千金必守信 / 102

四、学无止境存高远 / 103

03 企业文化塑灵魂 / 105

一、别具一格谋创新 / 105

二、企业档案创先进 / 115

04 致富不忘乡里人 / 120

一、帮扶建厂谋致富 / 120

二、修桥筑路助脱贫 / 123

三、敬老爱幼暖人心 / 126

四、福利企业解忧虑 / 127

05 友情相契心相惜 / 133

一、亦师亦友亦兄长 / 133

二、与艺术家之相遇 / 142

三、师徒情深情意长 / 148

附　录

口述历史 / 153

01 有“惊”也有“喜”，这就是张元开

中共沂南县委原书记　牛泉然 / 154

02 他一直是个传奇“人物”

沂南县人民政府原常务副县长 刘洪明 / 157

03 他就是一个拼命三郎 临沂市公路局局长 公维禹 / 159

04 大“家”小“家”都是家 李瑞笃 / 161

05 老厂长对我的影响挥之不去 孙继华 / 163

06 老厂长是我职业生涯中的主角儿 乔建军 / 165

07 老厂长就是我们的大家长 国秀英 / 167

后 记 / 171

创业篇

激情岁月——往昔峥嵘岁月稠

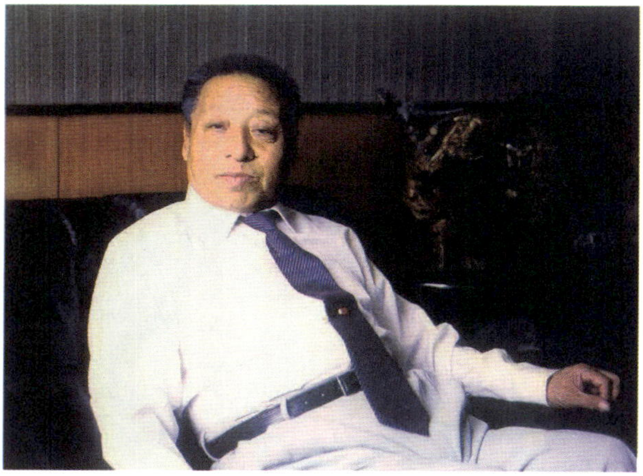

张元开

01 九只红炉“闹革命”

1956年，在沂南县张庄村，王家风、张元开等人带领大家在三间草棚里，支起了九只红炉，棚中烈焰滚滚，叮叮当当响个不停。他们要搞工业项目，闹“工业革命”。这在当时犹如一颗炸雷，一下子响遍沂南、响遍临沂。从此，人们知道了九只红炉，记住了张庄铁木业合作社。

一、汶河岸畔春意浓

1956年正月，沂蒙山春寒料峭，汶河水静静流淌着。

汶河岸畔，27条沂蒙汉子筹集了67元入股资金，成立了张庄铁木业合作社，投身制造小“五金”工具。这在旁人看来，着实算得上是“石破天惊”的壮举。他们是：王家风、张元开、王世于、陈德良、陈德顺、张庆东、张庆云、张庆根、张庆来、宋仁喜、尹尚运、王家兴、左兴培、王桂庆、王家传、王家平、王家新、王家宝、王世忠、张元松、孙纪才、徐风彦、徐家彬、左兴义、宋云之、周延郑、王士其。

当年8月，界湖铁木业合作社主任王守荣被派到张庄帮助工作，他把已是业务骨干的莱芜籍铁匠李瑞笃、刘孝先以及本地的刘振山一同带了过来。

到了9月，沂南各区各乡和临沂李官、白沙埠等地的一批莱芜籍精英铁匠，全部投奔到张庄铁木业合作社，他们也要跟着张庄铁木业合作社搞“工业革命”。

当时莱芜籍的铁匠有李瑞笃、刘孝先、郭宽云、刘万福、谭守成、谷道之、吴世营、郭莱云、郭密云、郭端云、郭鸿云、郭文林、张永水、张英臣、刘登才、亓贤臣、亓秀臣、卢世教共18人。他们的加入，为张庄铁木业合作社增添了力量，也为其日后发展发挥了重要作用。

二、英雄找到用武地

成立张庄铁木业合作社，张元开有着得天独厚的基础与条件。对铁匠出身的他来说，这个决定更像是上苍的安排。

20世纪三四十年代，正值兵荒马乱，当时日本兵横行，土匪结帮，民不聊生。张元开的父亲张本忠去离家100多里外的平邑县做小本买卖，结果连人带货有去无回。这给张元开一家带来致命的打击，在他幼小的心灵里，从此种下了脱贫的种子。在他看来，要不是为了养家糊口，父亲也许就不会蒙难。张元开的母亲是个坚强而又有想法的人，在张元开刚满15岁那年，她做出了一个改变张元开一生的决定——让他跟邻村有名的王铁匠学打铁。

在当地，有“学艺有三苦——撑船、打铁、磨豆腐”的老话。但母亲告诉幼小的张元开，一个人学点手艺，就没有白活。母亲的决定，让年幼的张元开过早地萌生出通过手艺改变命运的想法，小小年纪的他吃苦耐劳，学艺过程中从不偷懒。在师父眼里，张元开聪明伶俐又肯下力气，他便有意识地把一些技巧、绝活传授给他。

十几斤重的大锤，反复抡打在胳膊一般粗、被烧得通红的铁棍上，才能做成薄薄的铁锨、锄头、镢头、镰刀之类的用具。打铁抡锤既要有力气，更要有巧劲儿——要学会掌握火候。火里求材，靠的是火眼金睛，好的铁匠能通过双眼观察火候，过早取出铁就生了，过晚取出铁就熟过了，只有在恰当的时机取出才能把铁炼成好用的家什儿。离开师父时，张元开已是一个技艺精湛，能够独当一面的铁匠了。

27 条汉子中，只有王家风识些字。当初提议建立合作社，就是因为他注意到张元开那一身过硬的本领。人心齐，泰山移，大家伙儿很快支起 9 只红炉，闹起“工业革命”。这便是沂南县轴承厂的前身，它很快发展成为 20 世纪 60 至 80 年代沂南首屈一指的利税大户，并成为培养输送干部的“孵化器”。

三、志同道合开新局

在当时，农民运输全靠木轮推车，又笨又慢又费力。张元开经手的第一个项目就是改善农村运输工具。王家风、张元开、王家保三人想法一致：“为农民兄弟着想，就是支援农业、支援社会主义建设、支援国家，就是创造社会财富。咱们走的就是社会主义光明大道，打铁匠也要为社会主义建设添砖加瓦。”有了明确的方向，大伙儿的干劲更足了。

张元开生性聪明，他爱动脑、善钻研。他提出应率先解决小推车上的铛子问题，生产出适用的铁铛子。这个问题虽然容易解决，但需要弄台车床。王家风当即做出决定，让张元开去济南等地探探门路。到了济南，省轻工业联社被张元开的真诚所打动，答应挪出一台旧车床白送给他。张元开如获至宝，喜得几夜没睡好觉。

但没过多久，喜悦就被现实击败，车床运行需要电，在当时哪有电呀。办法总比困难多，他们先是用皮带拉车床，后来又陆续添了毛驴、骡子，以此代替人力。不知经历了多少次挫折，熬过了多少个不眠之夜，他们终于成功了。笨重的木轮车换上铁铛子后，农村的运输潜力一下子被释放出来。农民兄弟用推车，原来装上一百斤的货物就推不动了，现在推四五百斤的货物也很轻快。产品投放市场后被抢购一空，大伙甭提有多高兴了，一种满足感和成就感涌上每个人的心头。在这个过程中，王家风被张元开这股子拼搏忘我的劲头深深打动了。是的，干什么也要干出个名堂，搞什么也要搞出个结果。这就是张元开的秉性，也是他做事成功的秘诀。

四、红炉合唱开新卷

红炉里熊熊燃烧的烈火照亮了车间，也照亮了大伙的心田。

随着时间的推移，张元开发现农民需要的产品实在是太多了，如果不能及时满足他们的需求，势必影响田间耕作和日常生活。其实王家风早就看出他的心思，只是事务众多，大家没时间专门坐下来研究。两人合计着晚上开个会，静下心来研究制订出一份农机农具产品开发计划。

参加会议的有孙继才、王世于、王世忠、张庆云等领导成员，以及徐家彬等四个技术骨干。王家风讲完后，首先让张元开发言，让大伙儿先听听他的目标以及工作计划。

张元开说，在社会主义建设热潮面前，农村需要的东西实在是太多了。在红炉打铁的基础上，应广泛开发农机农具产品。虽然这是非常艰难的任务，可这是企业生存发展必须要走的路，光守着九只红炉转是绝对不行的。听到这儿，王家风心中暗喜。他就知道，张元开就是有一套，他不仅想得出，更能做得到。

于是，张庄铁木业合作社由九只红炉“单唱”，转为以红炉为主、制作农机农具的“大合唱”。自此，他们的“工业革命”掀开了新的发展篇章。

02 危难之时显身手

创业之路，从来就不是一帆风顺的。虽说这不是一条客观规律，但它却是社会发展到某些阶段经常遇到的事实。

一、“巧手铁匠小诸葛”

随着大伙儿的努力，很快，张庄铁木业合作社就远近闻名了。不仅工人由原来的40来人增加至80多人，产品线也从铁筲、铁水斗、铁铲、铁锄、铁镰、铁镢、铁锨丰富至夹板锤、开山锤、八角锤、羊角锤、铁錾子等品类。这在当时的农村已经很了不起了。

他们推出的产品曾荣获“省优产品”。由他们生产的锄刃被山东省轻工业联社命名为“一块玉”，并在全省推广。他们还研究发明了弹簧锤、夹板锤、开山锤、八角锤、羊角锤等，助推了手工制造业的发展，并将农民耙地用的“木耙齿”改为“铁耙齿”，提升了农业生产效率。这些产品投放至市场后，迅速成为引领市场的热销产品。

在生产小农具的基础上，张庄铁木业合作社还相继开发了打麦机、马拉收割机、新式步犁、推车架、中型手摇水车等新产品，这些产品一经问市便深受农民喜爱。

值得一提的是，他们自主研发生产的中型手摇水车、人力手工抽水泵等工具，一面世就被快速供应到各生产大队，成为当时抗旱救灾的重要工具。当时，他们生产的水车达260台，水车配套的链锁达6000多米，上水铁皮管子有2000多节，人力手工自吸抽水泵2000余只，在帮助农民抗旱救灾、实现秋季作物大丰收中发挥了重大作用。张庄铁木业合作社也因此受到县里通报嘉奖。大伙儿都说，张庄铁木业合作社好样的，里面藏龙卧虎有能人。事实上，大家所说的“能人”就是张元开。他脑子活，人勤快，点子多，道道多，被大伙儿誉为“巧手铁匠小诸葛”。

就在这一年，张庄铁木业合作社被命名为“沂南县国营第二机械厂”。闻此喜讯，大家的工作热情空前高涨。王家风深知，张元开日后一定会有更大的动作。

二、轴承种子埋心底

一天下午，张元开一个人沿着汶河河岸一直走到汶河下游，当隔河望见薛家圈村时，他停下了脚步，静心观看着眼前的一切。该村东西南三面环水，以薛姓为主的村民被圈在里面，村庄也因之得名。说来奇怪，看着眼前的“薛家圈”村，张元开竟联想到他朝思暮想的“轴承”上面。轴承是由保持器、滚子、内圈、外圈四个部件组成的，和眼前的一幕有些相似。张元开虽然大字不识几个，但“圈”这个字他不但会写，更深深地把它烙印在心里。他之所以若有所思，看到眼前之景便联想起轴承，是因为大家为生产队修理农具后带回的信息就是轴承短缺。

砖埠区高里大队水泵坏了，派人去临沂买轴承，结果却空手而归，大伙急得干瞪眼；张庄区沿汶村因买不到轴承，磨面粉的钢磨只好“睡大觉”，大家急得团团转却也束手无策。轴承短缺，严重制约着当地的农业发展和农民的生产生活。

日影西斜时，张元开还在苦思冥想。无巧不成书，他的工友，志同道合的好搭档徐家彬，突然出现在他的面前。

“你怎么知道我来这儿了？”他的到来令张元开无比高兴。

“我去宿舍没见你，估计你下河来了。”

“本想回家看看，可不知不觉就来河边了。”

“这几天知道你不想别的，一定还是轴承的事。”

“不，刚才我发现了个秘密。你看，河那边的村子为什么叫‘薛家圈’？”

“这还用说，姓薛的村庄被包围在山水里边，所以叫‘薛家圈’。”对机械器具的研究，徐家彬有其独到之处，被大伙誉为“土工程师”。

“我的意思，不是……”

“我知道，你又在想轴承套圈的‘圈’。对于这个字，我和你一样，不但认得、会写，也时刻记在心里。”

“还说我，这些日子你肯定也没闲着，想最多的一定也是那四大件。”

“快说说，你都想出了什么点子？”

对于轴承短缺这一问题，两人一样，看在眼里，急在心里，吃不香，睡不好。平日里满脑子就是轴承，就是那四大件。

“我想好了，我要向厂部和理事会提出来，咱们要研究制造轴承。”

“好！太好了！我就知道你能想出点子，更有敢为人先的胆量。”

第二天一上班，张元开就把他的想法大胆提了出来。王家风、王庆运等人听后，无不拍手叫好。当天下午，厂里和理事会就研究决定，成立以徐家彬为业务主导的轴承制作小组，由张元开任组长。

接下来的时间里，他们照着从水泵和钢磨上拆下来的轴承，反复研究琢磨，拆了安上，安上再卸下来。尽管一个轴承只有四个大部件，但这四个部件都是高科技精密件，技术含量要求很高。在没有专业技术人员指导的情况下，轴承是根本不可能凭空被制造出来的。

待在家里闭门造车不是个办法，张元开和徐家彬打算到外地求教。可就在这时，“大跃进”席卷全国，沂南县国营第二机械厂也不例外。研发轴承之事不得不暂时搁浅了下来，但研制轴承的种子却深深埋在了大家的心底。

三、初燃之梦遭搁浅

王庆运

1958年初春，张庄铁木业合作社改名为沂南县国营第二机械厂。上级委派王庆运[1]同志任厂长，王家风任副厂长。理事会由王庆运、王家风、张元开、孙继才、王世于、王世忠、张庆云等组成。

刚到任不久的王庆运厂长，对轴承制作小组的解散感到极为惋惜。在“大炼钢”风潮正紧之时，王庆运还是毅然决然地带领大家一心一意搞工业、抓生产，结果被戴上所谓“只顾低头拉车，不抬头看路”“右派分子”“地方主义分子”的帽子，被停职审查并遭受了牢狱之灾。

那段时间，张元开经常去看望王庆运，为他送衣送饭，并尽一切努力照顾好他的家人。在那种时局下，很多人遇到这种情况，会躲得远远的，唯恐招惹是非，受到不必要的牵扯连累，但张元开并没有那样做。后来，王庆运被平反昭雪、安排到沂南县工业局工作以后，他第一时间看望和感谢的人就是张元开。

相比于工业局，王庆运更想去县化肥厂。在他看来，农民种地、农业发展都离不开化肥，他毅然放弃舒适的工作环境，提出到条件相对艰苦的化肥厂

[1] 王庆运（1927.7——1984.10），原沂南县国营第二机械厂厂长。

工作。县里领导得知这一消息，说什么也不同意他去，因为被关押时劳动的累和生活的苦让他落下许多疾患。可他一再申请恳求，县领导最终不得不同意了他的要求。

四、挑起重担力争先

1958 年 8 月，上级指定由张元开具体负责炼钢的任务。县工业局局长亓华峰赶到厂里，专门和他谈话，让他担任大炼钢铁生产总指挥，日常其他工作由王家风负责。

事实上，身为工业局局长，亓华峰当然知道孰轻孰重，他明白搞农机具产品才是机械厂的职责，此前他一直期盼机械厂能早日生产出电机和轴承，那才是农村最急需的产品。但在那个特殊时期，面对那种全民运动，他只能要求张元开担起重任。张元开根据学习的土法子搞了起来，孰料一场灾难就此降临。

用砖砌成的炼钢炉又高又大，放料时没有吊车，他们就把三个废油桶摞起来，再用木棒扎起架子，人站在上面抬筐倒料。一次放料时，炼钢炉突然倒塌了，张元开从油桶上掉下来，被砸在炼钢炉下面。万幸的是，当时炼钢炉还没有点火。当大伙把他扒出来的时候，鲜血流了一地，他的腿骨折了。

当时张庄隶属于沂水，近处没有像样的医院，只能到百里外的沂水县城求医。在那个缺乏交通工具的年代，众人用一扇门板抬着他，一路小跑赶向沂水县城。鲜血顺着门板不断滴落，抬他的人都忍不住掉泪，可张元开始终咬紧牙关，一滴眼泪都没流出来。终于到了沂水医院，医生包扎好伤处后告诉他，为了避免伤腿接上后变短，需要拉上铁丝用石头拽。张元开说：“只要能把腿治好，不影响俺走路、工作，怎么都行。”医生原本是个亲历过战争场面的军医，见治疗过程中张元开尽管痛得大汗淋漓仍镇定自若，不禁由衷地表示钦佩。

后来，还未等痊愈，张元开就强行出院了。他让人把自己抬到工地，现场坐镇指挥。王家风看在眼里，疼在心里。亓华峰听说后既是心疼又是感动，从沂水县城步行赶过来看望他。

到了冬天，张元开受伤的腿已经好多了。当然，一些重体力活还是不能干。根据医嘱，他应当好好休养，可对张元开来说这是做不到的。因为当时在“鼓足干劲，力争上游，多快好省地建设社会主义”的总路线的指引下，全国各行各业都在与时间赛跑，都在争先恐后为社会主义革命和社会主义建设增砖添瓦，贡献自己的力量。从医院回来后，他就一直坚守在车间一线。这天中午，张元开突然被王家风叫了出来，让他接待客人，到访的正是县工业局局长亓华峰。没等张元开说话，亓局长便问道：“你的腿怎么样了？”张元开回答：“您看亓局长，好好的了。”亓局长认真打量着他，心想，人可比以前瘦多了，真是个钢铁汉子，好样的。原来，亓局长此次前来是让他好好准备一下，过几天要派他去北京开会。张元开开始有点不敢相信，可亓华峰一脸严肃。亓华峰说，这次你去北京，代表的是沂蒙山区的青年工人。这既是一个难得的荣誉，又是一个艰巨的任务。过几天，你还要去临沂培训学习，你一定要把工作中的先进经验带过去，把人家更好的经验带回来。

听罢，张元开既高兴，又倍感压力。他说：“我不认识多少字，做不了笔记，还是让王家风去吧！这里更需要我。”“局里领导都考虑过，和王家风同志也共同作了研究。你是最佳人选。”亓华峰回答。

1958 年 11 月 21 日，第二次全国青年社会主义建设积极分子大会在北京隆重召开。参加大会的青年积极分子有五千多人，可谓是盛况空前。时任中共中央副主席、中华人民共和国副主席的朱德代表党中央在开幕式上致辞，会上胡耀邦同志作了题为《发扬共产主义精神，努力建设社会主义》的报告。时任国务院副总理陈毅在闭幕式上就青年工作、劳动和学习问题，作了重要讲话。

在长达 12 天的会议期间，张元开被那些报告和先进事迹深深鼓舞激励着，他利用休息时间，不断取经学习。在这次会议中，张元开同大家交流了经验，增长了知识，得到了启发，开阔了眼界，武装了头脑，受到了鼓舞。他对社会主义革命和社会主义建设的实质内涵也有了更加清晰的认知。他深刻体会到只有学有本领，掌握技术才能服务好社会主义革命和社会主义建设。会议召开后，在广大青年中，掀起了人人学习、人人创造、人人推广先进技术经验的热潮。这一年，张元开 25 岁。

03 三间草棚干革命

也许严酷的现实能暂时束缚人们的思想观念，却不能长时间约束人们的想象力、创造力和行为。事物和社会一样，总是按照自有的体系与规律不停地向前发展运行。

一、初心不改再探索

从北京回来后，张元开思绪良多。尽管他们已经生产了很多紧俏的农机具用品，也确实能满足农民的许多日常需求，但说到底，他们生产的都是些粗放型的、技术含量不高的“初级产品”。他们迫切需要进一步提高产品档次，生产一些以柴油机为动力的机器，比如灌溉机、磨面粉机等。随后，张元开找到被下放到企业的“右派分子”赵文成，想让他去潍坊柴油机厂学习考察，多掌握些第一手资料。

赵文成不负重托，不仅学到了经验技术，还弄到了一台人家不用的 12 马力的柴油机。柴油机运回来后，薛允征、徐家彬等几人急不可耐，想立刻拆卸开来，一探究竟，都被张元开拦挡下了。

赵文成说，柴油机的结构并不如他们想象的那么简单，他从书包里拿出图纸摊在地上，一边看图纸，一边指挥薛允征等人拆卸。他告诉大家，柴油机由机体两大机构（曲柄连杆机构、配气机构）和四大系统（燃料供给系统、润滑系统、冷却系统、启动系统）组成。机体是组成柴油机的框架，由气缸体、曲轴箱组成。曲柄连杆机构由活塞连杆组、曲轴飞轮组等部分组成。

听到这里，大家才明白，就当时的技术条件、设备现状和人员情况而言，生产柴油机是不现实的。但还是有个好消息的，他们可以尝试生产交流发电机。

张元开听了以后，高兴地跳起来，一把握住赵文成的手，激动地说："我在思索制造柴油机的时候，也想到过制造发电机。"通过赵文成的详细讲解，大家了解到，发电机是利用电磁感应现象的原理制成的，就他们现下的条件来看，生产发电机比生产柴油机更为现实，而市场对发电机的需求也更为迫切。

当时，王家风到临沂地区开会去了。回来后，他对张元开说："我就知道，你忘不了的就是这些机械工业项目。"是啊！正如大伙儿所说的，张元开脑子装的，心里想的，全是这些东西。

二、先干起来再学习

在当时，他们响应党的号召，以大庆工人"头顶蓝天脚踏草地"建起大油田为榜样，提出了"三间草棚搞工业革命，保证生产出发电机来"的口号。他们将毛主席的教导"干起来再学习，干就是学习"和"鼓足干劲，力争上游"谨记心间，白天上班工作，晚上组织学习，忙得不可开交。

基于当时的现实情况，他们将开发目标定为制造交流发电机。交流发电机是工厂照明、传输必不可少的急需设备，也是当前机关、厂矿、学校等处的紧缺产品。他们全面分析了研制交流发电机的有利条件和薄弱环节。有利条件是他们拥有部分设备和较强的翻砂技术，铸造发电机壳不成问题。薄弱环节是他们缺乏技术人才和专业知识，同时资金也是个大问题。

他们成立了两个小组，一个是以翻砂能手赵征祥为主的铸造小组，一个是以薛允征为主的机组小组。赵文成负责外协采购工作。就这样，一场火热的"战斗”开始了。全厂精兵强将齐上阵，他们根据分工与职责，边干边学边摸索。很快，机壳组便有了成果。

但机壳安装时，间隔存在误差，噪音也大，工作一会儿就有焦煳味。大家对照原机壳，认真查找问题所在，经过反复比对，终于发现了故障原因：一是放砂箱填型砂不紧实，型砂没有刮平；二是工人在除砂、修复、打磨的过程中太急于求成，一些细节没有处理到位。

明白问题的症结所在后，他们更加谨慎细致地对待每一个环节。功夫不负有心人，再次铸造出来的机壳各方面指标基本达标。全厂沸腾了，大家的积极性空前高涨。没过多久，厂里的第一台交流发电机就试制成功了。这对当时县里企业照明、机床设备用电等发挥了极大作用。

由于制作成本较高、企业流动资金短缺，交流发电机在满足自用、部分平价供应市场之外，没有形成批量生产。但这是一次难得的锻炼机会，为机械厂下一步研发电动机打下了基础。

三、庄户工厂干大事

在摸索中前行，在学习中进步，在制作中提升，在工作中积累，无论是之前的铁木业合作社，还是后来的机械厂，都是这么走过来的。也许道路是曲折艰难的，但只要坚持沿着这条路走下去，总会有好结果。

随着时代的发展，机械厂有了工业用电量。有了电，企业的发展便如虎添翼。机械厂很快把研发电动机提上议程。为了少走弯路，张元开提出请个专业师傅来做指导。建议一出，大伙儿纷纷赞同，可是去哪儿请师傅呢？

就在大家一筹莫展之际，张元开突然想起当初去省轻工业联社时，认识了济南电机厂一位专门制造电动机的技术人员，他姓贺，快到退休年龄了，退休后还打算自己干。这个信息对他们来说犹如在茫茫大海中航行时出现了一个灯塔。接下来，请师傅的重任自然就落到了张元开的身上。

张元开便叫上赵文成一同前往。说来也巧，当他们找到贺师傅时，他刚刚办完退休手续。听罢他们的来意与请求，贺师傅二话没说就答应了。随后，贺师傅还带张元开和赵文成去济南电机厂参观学习了一番。厂里听说两人是专门从沂蒙山区而来学习制造电机的，不但热情地接待了他们，还给他们介绍了整个生产工艺和制造流程。

每一道工序，赵文成都认真听看并做好笔记。临走时，济南电机厂的负责人又送给他们很多相关资料，还一再嘱咐有什么事需要帮助，请随时来厂。对此，张元开、赵文成两人十分感动。“我们社会主义国家就是好，走到哪里都是一家人。”张元开感慨地说。

机械厂要制造电机的事，很快在沂南县传开了，大家还知道他们把济南电机厂的人都请来了。随后，沂南县政府和县工业局的领导也来了，他们鼓励大家苦干实干，争取早日制造出电动机。因为这件事，不仅是企业的大事，也是沂南县的大事。一时间，机械厂成了沂南县人民关注的焦点。

为帮助机械厂研发电动机，沂南县专门把供电局中熟悉电机技术的高本舜也抽调了过去。在贺师傅和高本舜的指导下，厂里很快成立起三个小组，并确定开发用途较广的三相异步电动机。在生产中用到的主要是交流电动机，它具有结构简单、坚固耐用、运行可靠、价格低廉、维护方便等优点。

为了缩短生产周期，机械厂决定先制作机（壳）座、定子、转子等，其他前后端盖、风扇、风罩和铜线通过外协解决。在两位老师的精心指导下，厂里很快就生产出电动机。经试用，电动机各项技术指标都符合要求。第一批生产的10台30千瓦电动机投放到市场后，很快就被抢购一空。这一次，沂南县国营第二机械厂的名号又一次响遍了临沂。县领导特地到厂里祝贺，表扬他们“庄户工厂干大事，当好农业勤务兵”。

接下来，电机生产全面铺开，机械厂还接到许多外地订单。沂水机械厂、沂南界湖农机厂、临沂运输公司、临沂水泥厂、临沂小肖丹子煤矿、临沂机电公司等单位纷纷赶来，争相包销他们的产品。他们的产品不断拓展市场范围，向南一直销到安徽、江苏。客户们认为他们的产品具有“名牌”品质。这些客户后来也都成为机械厂长期的合作伙伴。

就在市场越来越红火之时，厂里的资金链却断了，机械厂不得不减产甚至停产。就在大家急得抓耳挠腮之时，贺师傅建议张元开去济南历下人民银行试试看，之前济南电机厂需要资金时就是这家银行提供了帮助。听到这里，张元开又想到自己去山东省轻工业联社时，那里的领导也曾说起过此事——如果有销路好的产品，可以去历下人民银行找他们，只是当时没接上头。

张元开和赵文成再次来到省城济南，他们找到省轻工业联社的薛主任。薛主任了解情况后，拿起电话就打给银行。没过多久，银行那边就来人把他俩接了过去。原来上一回，薛主任就跟银行相关负责人介绍过这个位于沂蒙山区的机械厂，说他们的产品供不应求。这一次，历下人民银行的相关工作人员得知他们生产的电动机销路不错，很快就给出了答复，让他们回去等着，银行将派人带着钱过去。一听济南的银行要派人来厂考察，入股投资合作的同时还负责产品推销，可把机械厂的员工们给高兴坏了。

在历下人民银行的大力扶持下、在县政府和主管部门的协调帮助下，机械厂很快恢复了生产经营，产品品种由 6 个增至 12 个，电动机功率范围从 10 千瓦到 60 千瓦都有，经济效益连年提高。有了自己的电机，机械厂的机床设备也随之增加，厂房面积与生产规模不断扩大。这个时期，是机械厂发展的第一个辉煌时期。

这次经历，让张元开头一次知道，企业资金困难时可以找银行，这为他日后筹措资金、发行债券、融资上市等打下了基础。多年后，张元开也成为一个懂得金融的企业经理人。

“文革”开始后，机械厂及时作出规定，没有厂里许可，职工不能擅自离开工作岗位，更不能随便参加社会上各种游行示威等活动。张元开和工人们一天到晚就待在车间生产一线，他们减少了电动机的生产，根据社会需求及时调整产品结构，生产农民急用的必需品，有效维持机械厂日常生产正常运转。

1967 年底，张元开仔细分析采购信息后发现，轴承有着巨大的市场发展空间。早在研制发电机时，负责采购工作的赵文成就多次提起轴承，不管是发电机、电动机、农用机械还是汽车，只要是能转动的机器都离不开轴承。虽然轴承价格高，还不好买，但人们的生产生活离不开它。想到轴承，张元开感慨万千，这个被搁浅了多年的梦想再一次被点燃。这一次不管结果如何，他铁了心要去试试看。

04 念念不忘有回响

一件事一旦有了希望，人就会念念不忘，想尽一切办法去追求。尽管这是一条艰难的路，但追求者是不会畏惧的。因为他们知道，只有去探索，去耕耘，去播种，去奋斗，才可能有收获，才能实现梦想。

一、重拾梦想再起航

从张元开第一次想搞轴承到现在，已然过去了多年，期间经历了“大跃进”，而今又遇到“文革”。在这个过程中，他们一群人不懈奋斗、勇毅前行，始终没有放弃研制轴承的梦想。这么多年过去了，张元开摸爬滚打，转战南北，从企业生产、管理、设备、技术到财务、采购、销售他都有了深刻了解。与此同时，他心里也有了更远的理想、更大的目标。1968年春天，他果断提出转产，要搞“高档”产品。听闻此事，大伙儿都以为他在说笑，可张元开非常严肃地说：“社会不断向前发展，我们现有的产品显然不能满足社会的需求。虽说我们也取得了一定的成绩，但始终没有搞出能让企业安身立命的关键产品。”

对于轴承这样的高档产品，能不能搞成，大家心中都没数。可在张元开看来，如今的他们已经今非昔比，积累了一些制造经验，尽管客观条件还是不够成熟，但只有在干中学、在学中干，企业才能获得长远的发展。

机械厂很快将轴承生产提上日程，积极做着各种前期准备。与此同时，张元开千方百计地找门路，四面八方打听懂行的人。自从这事定下后，他吃不香也睡不好，在河南洛阳，他打听到了一位名叫冯玉广的轴承专家。尽管对方没有立刻来厂里，但这位专家给出了明确答复——只要他们把一切筹备工作做好了，他就一定会来。这下算是投了名师，找到了救星。这条消息，让全厂为之振奋，大家纷纷奔走相告。

为了做好准备工作，张元开带领七人到泰安轴承厂学习。一位杨姓工程师接待了他们。这位工程师问他们："你们打算学习多长时间？"张元开告诉他，计划学习三天。工程师惊奇地看着他们说："来这里学习一般要一年，至少也得半年，你们三天时间能学到什么？看都看不完！"但对方还是认真地接待了他们。张元开他们每到一处，对方都有问必答。尽管他们连一些专业术语都不知道，也找不对地方问，可对方还是耐心细致地向他们讲解轴承制造的相关知识。通过三天的学习交流，他们对轴承有了初步的认知。

当张元开一行要离开时，那位工程师握住张元开的手说："通过短暂的接触，我能感受到你们对轴承的那份热爱，这是很难得的。"张元开说："是老大哥不厌其烦地传授，让我们有了很大收获，我们会记在心里的。"

后来，两人成了好朋友，两家企业也结下深情厚谊，张元开经常带人去该厂参观学习。20 世纪 90 年代初期，张元开带领中层以上干部 60 多人，到该厂学习 ISO9000 国际标准认证的运行体系。

二、废寝忘食攻壁垒

从泰安轴承厂回来以后，大家根据各自的分工和职责，全面展开工作。对一个没有设备、没有技术的手工作坊，对一群文化水平不高的人来说，要搞这高端的精密产品，谈何容易！

为了购买设备，机械厂把所有家底都拿了出来，但也只是杯水车薪。为了筹措资金，张元开把自家最值钱的楸树卖了，刘万福把自己心爱的脚踏车卖了，李瑞笃把家中仅有的存款取了出来，郭宽云也把平日里省吃俭用节省下来的一点积蓄贡献出来。他们买的设备尽管都是比较老旧的车床和磨床，但总算是有了研制轴承所必需的设备。但这些还远远不够，他们准备自制磨床。“土工程师”徐家彬和李淑平挑起了这一重任。两人既不识字，也没图纸，就用粉笔在地上画，用纸剪。夜里，徐家彬睡不着觉时，就用手指在肚皮上反复比画，思索如何设计磨床。他们没有材料，就到废铁堆里找；遇到疑难问题，就通过书信向兄弟单位请教。

张元开也不识多少字，但他点子多，遇到问题时，他就组织召开情况碰头会、问题分析会。

徐家彬经常没黑没白地干，两只眼睛充满了血丝。领导责令他回家休息，他却说：“咱厂制造不出磨床，产不出轴承，我是睡不好觉的。”就这样，全厂员工以蚂蚁啃骨头的革命精神，冲破了一道道难关，解决了一个个难题，终于将两台报废的小车床改制成两台磨床。

大伙高兴之余，又开始犯嘀咕，刚刚生产出来的磨床到底能不能派上用场？为了少走弯路，张元开决定带上赵文成、徐家彬、李淑平、李瑞笃等人，到济南轴承厂学习。

济南轴承厂是山东省的老厂、大厂，工人上千，各种设备让人眼花缭乱——自动切削机床、自动磨床、自动冲床……还有一些产品，大家见都没见过，叫不出名堂。大家有些灰心丧气，他们该上哪儿弄这些专用设备呢，但一想到绞尽脑汁好不容易才制造出的磨床，他们的劲头又上来了，饭顾不上吃，觉顾不上睡，根据各自的专业技术，有的放矢地展开交流和学习。

徐家彬一个人来到磨工车间，一待就是几个小时，不明白就问，车间主任和工人被他求知若渴的认真态度深深打动了，主动向他介绍各种设备的功能、原理及操作规程，这令徐家彬感动不已。

三天下来，他们有了很大的收获。临走时，厂里的领导对张元开说：“有志者事竟成，有志者有缘，欢迎你们常来，并预祝你们成功，早日生产出轴承！”

三、山沟飞出金凤凰

郭宽云

从济南回来后，他们几个利用在济南轴承厂学到的理论技术，经过四次改进，用牛头刨床改制了平面磨床，克服了磨床床头不固定这一缺陷。同时又改制了卡具，在这方面，郭宽云有独到的技术，他对机械铁屑刀具、砂轮进行大胆的改制。在徐家彬、谭守成、刘万福、张庆云、李瑞笃、薛允征等人的反复试验下，砂轮转速加快，利用率也提高了不少。后来，他们又从沂水买来一台废圆盘车床毛坯，并将其改制成一台内圆磨床。

制造无心磨床床身需要大型铸件，不能翻砂铸造，他们就用钢板代替。钢板又厚又大，无法气焊切割，他们就在钢板上钻上一排排小孔，先用大锤砸开，再焊接起来做床身。

有些铸件需要铸钢件，厂里没有，他们就用夹板锤硬打钢材。制好了装，不行再拆，失败了便重来。没有内圆磨床上的电磁吸盘，他们就制弹簧卡具代替，安装轴承没有冲床，他们就自制铆合模用锤砸。

工人李淑平的腿站肿了，腰累弯了，人也瘦了，却从不叫苦，众人莫不如此。大伙儿以革命加拼命的精神，先后改制出摆头磨床、内圆磨床、外圆磨床、无心磨床等多种设备。

就在这时，喜讯传来，河南洛阳的冯玉广工程师过几天要到济南珍珠泉宾馆参加轴承毛坯锻造会议，会后他会来沂南县国营第二机械厂。

这可把张元开乐开了花。可怎么才能把人接过来呢？他是有名的工程师，又是从洛阳远道而来，济南到沂南要好几百里，不能让人奔波受累。那个时候，就连县委书记都没有车坐。张元开四处打听，找门子，后来居然跑到临沂地区公路段借了一辆美国吉普。

在冯玉广工程师的指导帮助下，大伙儿不断改进、调试设备。他们自己改进、自主制造的冲床、车床、内圆磨床、外圆磨床等各种轴承设备，都派上了用场。

冯工程师高兴地对大伙说：“没想到，一个山沟里的小小机械厂，还能够自己动手制造出加工轴承的各种设备来！凭着这股敢闯敢做的精神，未来你们一定能够产出轴承来！”

到 1969 年 5 月，用了整整一年时间，他们终于生产出合格的轴承。厂里鞭炮齐鸣，全员同庆。消息传开后，公社领导、县里领导都前来祝贺。县委书记拿起一套轴承爱不释手地旋转：“别看它小，却是个转动载体。没有它，一切都转动不起来，飞不起来。”

从那以后，机械厂迎来突破性发展，无论是拖拉机、脱粒机、打麦机、粉碎机、磨面机上的轴承，还是柴油机、发电机、电动机使用的轴承，他们都可以制造。厂里的销售成绩越来越好，机械厂的知名度也越来越大。

当他们生产的首批轴承被送至南京长江大桥建设施工现场时，大桥指挥部对机械厂予以高度赞扬：“沂蒙老区小厂创大业，山沟里面飞出金凤凰。”这件事被南京长江大桥博物馆记载了下来，成为沂南轴承发展史上的辉煌时刻。

1969 年末，厂里召开年终工作总结表彰会，隆重表彰了一批先进工作者和技术能手。其中，莱芜籍的李瑞笃、谭守成、郭宽云、刘万福等因扎根沂南、奉献沂南受到表彰。

他们爱岗敬业，以厂为家。李瑞笃精通机械设计、制图、计量；谭守成吃苦耐劳，精通锻造技术；郭宽云为人忠诚，车工刀具技术过硬；刘万福则是生产骨干、工作能手……他们在各自的工作岗位上，发挥自己的特长，为企业的发展壮大做出了积极贡献。

1969 年底，企业产品由原来的 8 个型号增至 12 个型号，产品质量也不断提升。他们还适应市场的需求，准备进一步开发新产品。就在这一年，机械厂更名为沂南县轴承厂。

1970 年 3 月，张元开、徐家彬将 7205、7206、7303 这三种新产品轴承送往省轻工业联社工业研究所进行相关检测。经全面检测，三种产品各项性能指标全部达标，均为合格产品。研究所认为，鉴于沂南县轴承厂是个有发展前途的企业，他们将无偿提供支援设备 21 台（套），同时还会提供一笔数目不小的贴息贷款，助力企业进入快速发展车道。

四、再至首都享殊荣

1958 年冬天，张元开入选全国青年社会主义建设积极分子，代表沂蒙山区的青年工人去了北京，亲眼见到了毛主席。11 年后的 1969 年 4 月，他作为沂蒙山区的优秀共产党员，出席中国共产党第九次全国代表大会。同年 10 月，他作为观礼团成员，登上天安门观礼席，出席了国庆 20 周年庆祝活动。

1969 年 9 月 27 日下午 2 点，张元开随山东省国庆观礼团抵达北京。9 月 28 日下午，观礼团成员集体参观北京地铁工程。那时候，地铁绝对是个新鲜事物。张元开注意到，地铁轨道上运行的都是电气机车，他们这一路下来，共途经 16 个车站，站内还有电梯。对他们而言一切都是见所未见的，观礼团成员们惊叹这真是个了不起的伟大工程。

1969 年 10 月 1 日中午 12 时 15 分，最幸福的时刻到来了。张元开清晰地看到，毛主席站在天安门城楼西边，正俯身向他们所在的观礼台招手呢。两次见到毛主席，对张元开来说，既是他永久的记忆，也是他最珍贵的财富。

10 月 2 日，大家上午参观了北京颐和园，晚上到国家体育馆看样板戏。10 月 3 日上午，他们又去二七机车厂参观学习。10 月 4 日，大家参观了新华印刷厂。接下来的日子里，他们又陆续参观了清华大学、北郊木材厂、东方红炼油厂、首都钢铁厂等单位。通过一系列的参观学习，大家开阔了眼界，解放了思想，浑身更加充满革命干劲。

05 文化情结绕心田

张元开很早就注意到了一点：从沂蒙老区成长起来的企业，在文化知识、人才技术方面有着先天不足。如果不针对这一点采取有效措施，企业在未来发展中将面临巨大障碍。

一、半工半读闯新路

张元开所在的企业最初起步时，就是从一帮大老粗闹“工业革命”开始的，大家伙儿当时要文化没文化，要技术没技术。幸好大家在干中学、在学中干，在摸爬滚打中好不容易走到今天，但他们的产品技术含量较低，企业盈利靠的是市场空白，不是核心技术，一旦市场饱和，企业的发展将受到严重影响。

其实，早在铁木业合作社成立初期，张元开就认识到文化知识的重要性了。他一直将毛主席的一句话牢牢记在心间：“没有文化的军队是愚蠢的军队，而愚蠢的军队是不能战胜敌人的。”张元开认为，企业也是一样，没有文化的企业是愚蠢的企业，而愚蠢的企业是不能在竞争中取胜的。

1968 年 1 月，张元开提出要在企业兴办“半工半读”班，以此弥补企业短板，提高员工文化水平。他的提议很快得到一班人的同意。经过多次调研，大家最后形成决议：计划从社会上招收一批文化青年充实到生产车间里，让他们一边进行理论知识的学习，一边进行实际操作的实践。报告送到县里及有关部门后，很快得到批复，县里将对此给予大力支持，县里还回复说，在企业办学是新生事物，可以尝试，办好了，可以作为先进经验在全县推广。县里还指定县工业局具体实施这项工作。

沂南县轴承厂要创办“工业中学”的消息一传开，很快就招满了38名学生，还招收了尹作庆、尹传录等4名老师。在工业局的指导帮助下，轴承厂精心组织，文科、工科各配备两个老师，实践工作则由张元开全面负责。经过两年的时间，半工半读学习班取得了巨大的成功，学生们边学边干，收获颇丰。掌握了大量专业技术知识的学生们再次投入到企业的生产后，从根本上缓解了企业技术人才短缺的状况。

半工半读、勤工俭学，作为办学的一种全新尝试，在当时产生了广泛影响，不仅得到了上级的肯定，而且很快在全社会得以推广。一时间，沂南县轴承厂名声大噪，一些大学生也纷纷往这儿奔。青岛海洋学院、山东工学院等院校毕业的优秀大学生都被县里分配到这儿来。

由于有文化、懂技术的人才不断汇聚至此，轴承厂的综合水平、研发能力不断提升，产品型号愈加丰富，产品质量也不断提升，经济效益更是连年增长，多次受到地区和县里表彰。

县委领导曾在工作会议上指出：沂南县轴承厂在企业里办学习班，就是办教育，这是事业、工作的需要，是一件大事、好事。搞社会主义建设，搞企业，没有文化，没有技术，不讲科学，不培养人才是不行的，希望全县企业学习沂南县轴承厂办学的路子。

有了文化、技术注入的企业，发展势头不可阻挡。至1979年，沂南县轴承厂不仅是全县首屈一指的利税大户，还成为全县培养输送干部的“摇篮”，为振兴沂南经济做出了积极贡献。

二、人才兴企办学忙

李瑞笃

1971年1月，县上分给沂南县轴承厂一个济南工业大学的升学名额，入选者将全日制脱产学习四年，毕业后取得本科学历。这充分彰显出沂南县委、县政府对轴承厂的重视与信任。厂部经过层层选拔，决定让王家宝去。可查体结果令他抱憾终生，因色盲他最终被取消入学资格。厂部又进行二轮筛选，最后将人选锁定为从界湖合作社调过来的李瑞笃。李瑞笃不仅政治合格、品质优良、思想先进、技术过硬，各项身体指标也正常。

这不仅是李瑞笃个人的荣光，更是全厂的荣光。李瑞笃临走前，张元开以连襟的身份对他说："毕业后大家等着你，轴承厂在等着你。"李瑞笃带着全厂干部、职工的嘱托与希望，走进了大学校门。经过四年的寒窗苦读，李瑞笃终于以优异的成绩拿到了毕业证书。

当时的大学毕业生都是由国家统一分配工作，李瑞笃毕业后被派遣到临沂地区公路站工作。张元开听说后，马上找到他，希望他能继续回到厂里工作。李瑞笃二话没说，便将派遣证交到沂南县工业局。后来，地区来人了解情况后，才把人正式交给县工业局，最后李瑞笃如愿以偿被调回沂南县轴承厂。就这样，李瑞笃无怨无悔地回到了张元开身边。

没过多长时间，沂南县工业局到企业考察选拔干部，点名要把李瑞笃作为青年干部重点培养，并举荐他进入企业领导班子，这样一来可以发挥其聪明才智，二来随时可以将其调出来进行干部交流。来人刚一说完，就被张元开一口回绝了。"因为他是我的连襟，只要我在班子里，他进来就不合适。还有，为了企业发展，他不可以调走。”张元开这样解释道。工业局领导认为张元开坚持原则，不任人唯亲，非常难得，便选择尊重他的意见。

后来，每每谈及此事，张元开总觉得对不住李瑞笃。假如当时按领导意图行事，也许李瑞笃的人生就会大有不同了。但李瑞笃从未有过埋怨，因为他知道，自己当初能去上大学，是厂领导的推荐使然，所以自己报答企业也是理所当然的事情。

已经尝到“人才兴企”甜头的张元开，从社会上捕捉到一条信息：每年的应届高考落榜生和考上但交不起学费的学生，在全县是一个不小的数字。如果能把他们招来，办一个大专班，无疑将有利于企业发展。想到这里，他立即召集班子开会，决定再次办学。这次开办的不再是中专班，而是大专班。在县委县政府以及相关主管部门、教育部门的大力支持帮助下，教学班子很快筹建起来。沂南七中教学能力突出的邢坤元、尹记元被选派到厂里。两个

1985 年沂南县轴承厂自办大专班毕业典礼

大专班——工业机械专业班和农业农机专业班很快就招满了学生。

机械班以学习机械设计、机械制图、机械制造等知识为主，定向培养机械专业技术人才，由山东工学院毕业的范承锡、济南工业大学毕业的李瑞笃任教。农机班以学习各类农业机械的使用、维护与修理知识为主，定向培养农机修理人才，由尹记元任教。两个大专班的数学课程由青岛海洋学院毕业的陈飞达负责，语文课程由沂南七中的邢坤元负责。

张元开亲自担任校长。在企业尊师重教的环境下，老师们辛勤耕耘，学生们勤学苦读，整个学校的学习氛围十分浓厚。张元开看在眼里，喜在心里，他亲自到洛阳、济南、青岛、烟台、济宁等地的大专院校搜寻人才，聘请老师来给学生们上课，他全心全意要把学校办好。

张元开一方面通过办学为企业发展注入新鲜血液和知识力量，另一方面也不遗余力聘请专家、学者等高科技人才。从机械厂生产电动机、研发轴承之时，他就深知专家的重要性。在企业后来五十多年的发展历程中，他不断引进优秀人才。

06 千里迢迢攀高亲

新生事物的诞生，从来都不是偶然的。它既有社会与时代的因素，也有机遇与人为的原因。许多时候，它更是努力的结果、智慧的结晶。当然，在新事物诞生的过程中，夭折和失败也不鲜见，但当它再次攒聚起重生的能量时，终将以无法阻挡的势头破土而出。

一、精诚所至金石开

20 世纪七八十年代，轴承厂虽说在沂南已是首屈一指的利税大户，在省内亦小有名气，可在国内轴承行业中还是个名不见经传的小厂。张元开心里很清楚，想要让企业走出去，就必须抓机遇“攀高亲”，走科研生产联合的路子。

张元开是一个很有心的人。早前参加轴承行业工作会议时，他听闻有个青岛老乡在国家机电部洛阳轴承研究所工作，当即他就顺着这条信息一直找到人家单位。后来，两人成了好朋友。这位青岛老乡就是机电部国家一类所、中国轴承权威机构——洛阳轴承研究所的原所长徐学当（退休后被聘为沂蒙轴承厂技术顾问）。

张元开的真心诚意使当时的洛阳轴承研究所所长刘文虎深受感动，当得知沂蒙老区的一个小厂，为了企业发展，千里迢迢来洛阳“攀高亲”、寻帮助时，他立即表示支持。从此，洛阳轴承研究所和沂南县轴承厂便结下了深厚情谊。1985 年 8 月，刘文虎所长等一行来沂南县轴承厂考察后对轴承厂做出高度评价：领导班子励精图治，团结务实；职工队伍精诚团结，素质优良。山区小厂，大有希望。

就在一年之后，1986 年 8 月的一天，张元开突然接到刘文虎的电话。刘文虎告诉他，国务院于当年 5 月成立了贫困地区经济开发领导小组，中央将重点支持连片特困地区的开发性建设，加大对革命老区、民族地区、边疆地区扶贫力度。挂了电话，张元开召集大家开了个碰头会，便马不停蹄连夜赶往洛阳轴承研究所。

刘文虎对张元开说："作为国家一类大型科研所，我们是不能申请这项扶贫资金的，但我们可以尝试走开发式科技扶贫的路子，这也是一种扶贫。对企业来说，这也许比资金更珍贵、更重要、更切合实际，也更有实效。当然，这毕竟是新生事物，又跨省域，真要办需要向部领导申请汇报。"

第二天一早，刘文虎所长就带队赴京，向部领导汇报了他们的想法。部领导了解了企业情况后，很快便做出答复，同意并责成机电部轴承局、装备司协同洛阳轴承研究所共同做好该项工作。

对于这一切，张元开甭提有多高兴了，老区小企业不但攀上了高亲，还得到部领导的高度重视与亲切关怀，这是他此前做梦也想不到的事情。

二、所企结合联动忙

1987 年 6 月，为助力沂南县轴承厂转型升级，机电部轴承局、装备司、洛阳轴承研究所经多次研究协商决定，由洛阳轴承研究所副所长徐学当等人，带领张元开到国家汽车研究所、天津 130 汽车制造厂考察座谈。最终商定，沂南县轴承厂以机电部洛轴所科技重点扶持单位身份，承接开发新产品"双列滚子轴承"以为新式汽车制造选型配套。这是何等重要而又光荣的任务！为了圆满完成这项选型试制任务，研究所派王贞贵工程师赴厂协助厂方工程技术人员，大家夜以继日地赶制方案。

山东省国防科工委经过三次论证，最后认定该方案操作性强，具有可行性，当即拨款30万元作为新产品开发经费。这标志着沂南县轴承厂将成为天津汽车制造厂的配套单位，山区小厂将完成由生产农机低档轴承向生产中高档轴承迈进的历史性跨越。

为了把科技扶贫工作做细、做好，1987年8月，洛阳轴承研究所所长刘文虎率领8名科研人员，冒着酷暑，来厂进行历时7天的“会诊式”调研考察，他们对每一个科室、车间甚至每一道生产工序都进行了摸底、分析，并与技术、质量、设备、企管、操作等环节的工人进行了详细的交流。

为提高产品内在质量、节约原材物料、减轻工人劳动强度，他们建议锻工车间改反射炉为感应加热的自动锻造炉，热处理车间采用推杆式全自动曲线加热等温退火炉。这些设备完成升级改造重新投产以后，在10到15年之内，仍可保持国内先进水平。

厂里经商议决定，由曾在洛阳工学院轴承制作专业班学习过两年的林世元组织筹建推杆式全自动曲线加热等温退火炉项目，并计划于1987年底完成该项目。在洛阳轴承研究所的全力支持下，其他技术改造项目也有条不紊地全面铺开。

自此，科研生产联合之路已渐趋明朗。洛阳轴承研究所召开专题会议，将科研生产联合的意向向机电部领导作了汇报。得到的答复是：科研生产联合体是新生事物，将先进的科学技术率先应用到生产企业，这是所企结合联动，可以推行尝试，同意洛轴所与沂南县轴承厂签订协议。

1987年10月25日，在中共十三大召开的喜庆日子里，国家机电部轴承局、装备司的领导杨乃燕、辛长林、万长森、陶必悦，洛阳轴承研究所所长刘文虎、副所长徐学当，率领所属七个部的部长，满载对沂蒙老区人民的深情厚谊，来到沂南县轴承厂，磋商科研生产联合体成立事宜，同早在这里等候迎接他们的临沂地区经委及沂南县委、县政府领导欢聚一堂、交流沟通。

会上，所方代表刘文虎与厂方代表张元开，分别在《科研生产联合体协议书》上签了字。协议书中约定：所方协助厂方，完成感应加热自动锻造炉、双列滚子轴承等四个更新改造产品项目；所方分期、分批派遣工程技术及管理人员到厂，协助提高产品质量、等级，诊断解决生产工作中存在的疑难问题；第一批专业工程技术人员 7 人将于 1987 年 11 月下旬到位。厂方每年付给所方销售收入的 1.5% 作为科研经费（同类协议规定，应付 7.5%）；双方力争在三至五年内，实现企业规范化管理，协力推动山区小厂发展为轴承行业后起之秀；1988 年 80% 的产品达国标，1989 年产品全部达标。

1987 年 9 月，张元开同国家机电部领导等合影

签约仪式结束后，杨乃燕、刘文虎为生产联合体挂牌剪彩。沂南县轴承厂从此有了一串更为响亮的名号——国家机电部洛阳轴承研究所、沂南县轴承厂科研生产联合体。

在所企牵手的过程中，张元开先后九次进京，十八次赴洛阳洽谈。这就是：精诚所至，金石为开。

07 置之死地而后生

有人说，一个成功的创业者、企业家，不是让社会来适应你，而是你来适应社会。还有人说，任何人的成功，似乎必须经历挫折与煎熬，这是这个世界送给每个成功者的财富。在残酷的挑战面前，只有信心不垮的人，才能够寻找和发现其中蕴藏着的转机和希望。

一、花未绽放已凋落

20 世纪 80 年代末，正当张元开把全部心思、精力、时间都放在科研生产联合体上，踌躇满志地准备撸起袖子大干一场时，企业改革实行承包责任制的结果公布了：沂南县轴承厂由山东工学院毕业的年轻大学生刘某担任法人代表并出任厂长，张元开任总支书记，原班子其他成员就地免职，一大批企业元老被遣走，企业面临大换血……

由于法人代表的更换，企业的发展思路也重新调整变化，之前与机电部洛阳轴承研究所签订的科研生产联合体协议内容就地搁浅、不再履行。设备更新改造、新产品开发项目没有如期履行，连正在筹建的推杆式全自动曲线加热等温退火炉项目也就此停建。原有设备在无大修、无保养维护的情况下死拼产量，多台自动磨床损耗严重，无法继续使用。锻工车间的三条生产线已有两条不能使用，杀鸡取卵式的拼命使用机器，导致产品质量大幅度下降，产品正品率仅为 3%，废品率高达 19%（上一年同期正品率为 43%）。磨工、冲压两个大车间，因短时间内频繁更换车间负责人，导致工人情绪不稳定，直接影响了产品质量与产量。

一个本来发展蒸蒸日上、产品供不应求的企业，因管理经营不善，急速转入了下坡路。工人因为待遇不能及时兑现，意见很大。尽管县领导与主管部门及时进行干预，采取一系列止损干预措施，一再调整企业领导人，也很难扭转其发展颓势。沂南县轴承厂，这个曾经的金字招牌，失去了它原有的光泽。

1988 年 6 月 18 日，洛阳轴承研究所致电沂南县轴承厂，正式提出解除科研生产联合体协议。这个本来充满着希望和生机的科研生产联合体，未等到开花结果，就悄然枯萎败落了。

看着眼前的一切，张元开的心在滴血。后来，他被派遣到农村工作。在当时，农村已实行土地承包责任制，农民对自己承包的责任田热情高涨。驻村期间，张元开还是闲不住，他帮村两委出谋划策，理顺承包合同，还搞一些小项目。

白天，在各种忙碌中时间过得还算快些，晚上总是难挨，张元开经常辗转反侧，彻夜难眠。他的心还在牵挂着轴承厂。而沂南县轴承厂接下来频繁更换负责人，几任厂长下来，企业并无多大起色，反而濒临倒闭。昔日辉煌的轴承厂最终走向破产。

此时县上再次找到张元开，想让他主持成立轴承集团公司。这一次，张元开婉拒了，但他放不下那些昔日一起奋斗过的老职工。他与劳动局协商，帮助部分到了退休年龄却交不上养老金的老职工补齐交足相关费用，帮他们顺利办理了退休。那些老职工从劳动局领到退休养老金时泪流满面，说干了一辈子，最后还是老厂长出面帮忙，给他们办理了退休。

二、大理石厂蜕变记

沂南县轴承厂破产后，工商、银行、税务、财政等部门组成县联合调查组进驻沂南县轴承厂开展调查，许多让人意想不到的问题渐渐浮出水面。

位于汶河岸边的铸钢球厂（原大理石厂，沂南县轴承厂下属企业）早已资不抵债，欠债高达 75 万元，当即被银行封户。鉴于铸钢球厂的问题严重，县联合调查组认为，不宜再把铸钢球厂继续放在轴承厂体系中管理经营，他们决定向社会公开招标，让其独立核算、自主经营，以尽快扭亏为盈。然而，招标信息在沂南县电视台公开播放了一个多星期，却始终无人问津，没有人愿意接手这样一个烂摊子。

出乎众人意料的是，1988 年 10 月，张元开顶着多方压力，签下工厂承包协议书，并立下军令状。“既立军令状，就按状行事。这次承包，我保证产值翻番，要把 75 万元亏损提前补上，我还要提前完成 62 万元的利润额。搞好了，这是我应该干的，干不好我也甘愿接受惩罚。”张元开毅然决然地说。

那年，张元开已 55 岁。在旁人看来，他不是疯了就是傻了。更多的人则是为他捏了把汗。在张元开自己看来，这一次，自己哪怕拼上老命，也要放手一搏。其实在当时，张元开不是没有别的选择，外省几家轴承企业纷纷登门，想高薪聘请他，其中江苏一家企业曾七次来请他，比刘备请诸葛亮“三顾茅庐”还要热情，答应给小洋楼、给高薪，还给子女安排工作。只不过，这些都被张元开婉言谢绝了。

放弃待遇优厚的高薪工作，张元开偏要选择一块烫手山芋。当时的大理石厂已十分破败，丝毫没有经营场所的样子，厂中院墙多处倒塌，露天车间内全是废石料，甚至没有一台正常运转的设备，设备的很多零部件都不翼而飞。正式走马上任后，张元开身先士卒，没黑没白地在现场指挥，终于将厂院收拾干净了。

开办工厂，人和钱是关键问题。为此，他一方面登门拜访职工，请他们回厂，和他们共忆当年“九只红炉创大业”的光荣历史，通过一系列思想教育活动，让涣散的职工队伍重新凝聚起“厂兴我荣，厂衰我耻”的思想；另一方面多方筹措资金，张元开日夜不停，奔波省内外寻求帮助，先后借到 20 多万元的启动资金，并发动职工筹集资金 2 万元。

人凭精神虎凭威，职工们把当初创业时的激情与干劲投入到大理石生产之中，仅用一个月时间就超额 33.3% 完成了当年承包基数，累计完成产值 65 万元，实现利税 6.3 万元。当厂里把拖欠半年多的工资兑现给职工时，大家都流下了激动的泪水。

一个搞轴承生产的厂长，居然把大理石给玩转了。当初对张元开心存疑虑的人们，纷纷跷起了大拇指。在张元开看来，一个人不管做什么，只要别“私”字当头，一心一意地依靠大家，全神贯注地投入工作，就能干出效益、干出成绩。

三、再开拔从头来过

在当时，石材加工的经济效益非常可观，但张元开一直没有忘记轴承生产这个老本行。1989 年 5 月，他做出决定，大理石厂改产轴承。

相较于石材加工，轴承生产工序繁多、技术门槛高，需要配备更多的生产设备、流动资金，更要有一批专业技术人员。这对一个刚刚恢复生产的大理石厂来说，其困难之处自不必多言。

这时有人也劝张元开别冒这个风险，弄不好会把企业推上绝路。貌不惊人的张元开，其实是个很“轴”的人。轴承有轴韧劲、硬度，他比轴承还有轴韧劲。

虽然阻力重重，但张元开并未退缩，他先后三下洛阳，五赴河北、江苏等地，求助兄弟厂家，低价买回 32 台轴承生产设备和 68 台检测仪器，实现了“找米下锅，借水行舟”。

在他的感召下，厂里干部职工发扬不怕苦不怕累的艰苦创业精神，没日没夜地安装、检修、调试各种机器设备，工厂很快投入正常生产。1989 年 8 月，5600 套 7303E 轴承下线，各项技术质量指标均达到了国家标准，产品投放市场后，受到了用户的高度评价和称赞。至此，又一个轴承厂在沂南宣告诞生。它的名字是——沂南县第二轴承厂。

第二次创业，张元开付出了太多，甚至差点搭上了自身性命。一次，他所乘坐的车到达蒙阴地界时突然冲出大路，凌空越过一条 2 米多宽的水沟，重重地落入地瓜地里，将一根高压电线杆撞为两截。当地百姓把他从车里救了出来。他苏醒后的第一句话是：司机咋样？全然不顾自己的伤势。到了附近医院，医生给他做了一些包扎处理，好歹是有惊无险。后来有人风趣地说，他的事业还没有完成，他不能有事，这是上天对他的庇佑。

1989 年 6 月的一天晚上，张元开刚从洛阳回来，第二天一早要动身去河北，突然家里来电话，说小女儿被车撞了。张元开安排好人送女儿去医院后，就乘车赶赴河北了。后来，小女儿说起此事倍感伤心，但又打心底里理解父亲的不易。

在张元开倾尽全力的奋斗和打拼下，轴承厂经营得越来越红火。从承包大理石厂到转产轴承，厂子发展速度惊人，在当时被划分为国家小型一类企业。1991 年底，沂南县召开厂长经理座谈会，会议由县长黄宜全主持，县委书记牛泉然出席。

当牛泉然书记问及轴承厂的生产经营情况时，张元开仅说了六个字：产品供不应求。

“有什么事需要帮助，请找洪明副县长。”牛泉然书记对张元开说。

“张厂长还真有一件事，想把‘第二轴承厂’的名字改掉。”分管工业的副县长刘洪明说。

“那好啊！找你就行了。”牛泉然书记说。

在县领导的关心下，1992 年 3 月，沂南县第二轴承厂正式更名为山东沂蒙轴承厂，简称“沂蒙轴承”。对此，张元开心里甭提有多高兴了，但他心里更清楚，要想叫响“沂蒙轴承”这个名号，还得靠真抓实干。于是他带领职工开足马力，在较短的时间里将沂蒙轴承发展为国家大型二类企业，并使之成为沂南县首屈一指的利税大户。

08 重续前缘谱新篇

1992 年 6 月 14 日，山东沂蒙轴承厂再次与国家机电部洛阳轴承研究所结成科研生产联合体，也正是从这个时候起，企业犹如插上腾飞的翅膀，一路高歌猛进，不仅连续 16 年位居全县十大利税企业之列，2000 年更是一举成为全县第一利税大户、国内轴承行业首家境外上市公司。张元开则荣获“山东省劳动模范”称号，被推选为山东省人大代表。

一、企所有缘再联手

1992 年 5 月的一天下午，时任沂南县委书记的牛泉然，急匆匆从临沂赶往山东沂蒙轴承厂花园会议室。这里有从北京、河南洛阳过来的三位尊贵客人，他们分别是机电部轴承局局长万长森、中国轴承工业协会会长杨乃燕、洛阳轴承研究所所长徐学当。三位领导来得很突然，但他们的目的很明确，那就是推动科研与生产再次联合。

等一切谈妥之后，牛泉然书记紧紧握住张元开的手说：“老张啊，真的没想到，你居然能将科研与生产再次联合，不能不说这是你人格的魅力。”还在担任沂南县县长时，牛泉然就曾说过：“张元开旱地拔葱，一生创建两个企业，这是很了不起、很难得的。”后来，牛泉然书记去了临沂市当领导，还时常回来看望张元开。

20 世纪 80 年代末，中国汽车机械制造业迎来快速发展期，这无疑给轴承制造业带来了新的机遇和挑战。挑战与机遇总是并存的，如若轴承产业不搞科技创新，不进行产品结构调整，势必要被“拍死在沙滩上”。怎样才能依靠高新技术占领市场呢？张元开又想到了国家权威轴承科研机构——洛阳轴承研究所。

20世纪60年代大家尝试生产轴承时，如果没有洛阳冯工程师的无私帮助，没有洛阳轴承研究所提供的技术支持，也许就没有后来的沂南县轴承厂。再想想几年前，科研与生产已结成联合体，可未等开花结果就宣布解体……这一幕幕，像电影一样浮现在张元开眼前。

张元开跟班子成员说：“五年前科研生产联合体的解体，确实让人心痛，五年后的今天，我们又创建起一个轴承厂。联合体这么好的平台不去发挥其作用，这么好的资源不去利用，我们是甘愿落后、甘愿被淘汰吗？”接下来的几天时间里，经过不断的研究论证，大家终于统一了思想、统一了认识。

1992年6月14日科研生产联合体成立大会

山东省机械厅的领导赞同张元开的想法，国家机电部领导听了他的汇报后也连连称赞，中国轴承工业协会的领导更不用说……大家都被眼前这位沂蒙山老汉锲而不舍的精神打动了。洛阳轴承研究所的领导也被他的执着所打动，他们愿伸出援助之手，再次促成科研生产联合体的落地实施。

为把事办成办好，洛阳轴承研究所所长徐学当亲自带队来沂南进行了细致的调研与考察，此事得到沂南县委、县政府的高度重视。在双方共同努力下，1992 年 6 月 14 日，科研生产联合体在沂南县山东沂蒙轴承厂落地，山东沂蒙轴承厂成为国家机电部、洛阳轴承研究所科技重点扶持单位。

挂牌仪式举行时，国家机电部、中国轴承工业协会、山东省机械厅、山东省轴承工业协会以及上海、天津等地轴承协会的领导与厂家代表，共八十多位嘉宾前来观摩、祝贺。主持会议的沂南县委书记牛泉然看到这高朋满座的场面，给现场嘉宾深深鞠了三个躬，就如同五年前联合体挂牌时的情景一样。跨越五年，前后两次三鞠躬，这成为当地的一段佳话。鞠过躬后，牛泉然不无感慨地说："张元开老骥伏枥，志在千里，不畏艰难，勇于挑战，敢为人先，坚持走以质量求生存，以科技求发展的路子。这是一条兴厂旺企的路。"

科研生产联合体的成立，标志着企业的生产、销售、管理、技术、工艺、质量迎来一次全新的变革。从这以后，来自洛阳轴研所的先进技术、工艺被源源不断地输送到几百公里外的山东沂蒙轴承厂来。洛阳轴研所还不断派专家、高工、技术人员到沂南坐镇指挥，山东沂蒙轴承厂的生产管理、技术水平、产品质量等得以全面提升。伴随着产品含金量的不断提升，山东沂蒙轴承厂的知名度也不断提升，由一个名不见经传的山区小厂一跃发展成全国知名的汽车配套厂家。

伴随着市场知名度的不断提升，山东沂蒙轴承厂的企业规模也迅速壮大，职工由几百人发展到 1900 多人，企业销售收入、利税成倍增长。1992 年，企

1992 年 6 月 14 日，山东沂蒙轴承厂与国家机电部洛阳轴承研究所科研生产联合体挂牌剪彩仪式

业被国家划为国家大型二类企业，成为全国轴承行业内一颗冉冉升起的新星。同年 10 月，在由中国轴承工业协会组织召开的全国轴承行业会议上，张元开受到了表彰，山东沂蒙轴承厂被授予“明星企业”的称号。

科学技术就是第一生产力，这是张元开始终秉承的理念。直至今日，这种理念仍被后来者悉心地传承延续下来。目前，公司与洛阳轴承研究所依然保持紧密型友好合作单位关系，并根据国家高科技专业人才引进条例的规定，达成了高层次人才合作协议，有效发挥高级人才对企业发展的核心作用。

二、产学互动结硕果

时光总是在不知不觉中流走，转眼就到了新世纪。

尝到过企业办学甜头的张元开，再一次萌生了这个念头。办学的消息不

张元开同时任山东大学机械工程学院博士生导师、
副院长黄传真，大专班教学主任李振明在职工学校合影

胫而走，许多家长带着学生前来咨询。其实这是张元开的一计，他想听听社会上的声音，打探一下落榜生的实际情况。人们并不知道他们要和哪所院校联合办学，但张元开早在心里锁定了山东大学。

2000年秋日的一天，天还没亮，张元开和办公室主任以海就从青驼站口奔上了京沪高速公路。他们此行的目的地是位于济南的山东大学，他们想前去商量联合办学的事情。在以海看来，联合办学没多大胜算，一个位于省城的高等学府，怎会跑到山区企业所在的乡镇上办学？

还没到上班时间，张元开和以海就早早等在办公楼前面了。这是他们一贯的工作作风，求人办事，要积极主动，这也是对对方最起码的尊重。

当负责接待的同志了解到他们的来意时，不由吃惊地望向张元开。是的，这位已67岁的老人告诉学校，他们来自沂南县一家轴承制造企业，企业的发展，迫切需要专业的技术人才，因此企业想和山东大学联合办学。

接待人员立刻向学校领导汇报了这个情况。在后来与校领导的交谈中，张元开的一句话令其刮目相看。张元开说："一个企业最不能缺失的就是学习和文化，学习使人进步，文化让人自信。"校方被他这种追求文化、崇尚教育的理念深深打动了。他们很快做出同意校企联合办学的决定，具体事宜由机械工程学院与企业进一步协商决定。校方在如此短的时间内做出这么重大的决定，这令张元开和以海都感到意外。

张元开和以海来到山大机械工程学院，负责接待他们的是院党委书记秦惠芳和副院长黄传真。经过交谈，双方形成了"输送文化教育下乡育人才，支援革命老区企业上台阶"的统一思路，张元开趁热打铁，力邀他们第二天到企业考察。第二天上午不到 11 点，秦惠芳书记、黄传真副院长一行如约来到山东沂蒙轴承厂。他们看到一排排厂房高大敞亮，厂区环境优美洁净，在接下来与张元开的进一步交流中，更加了解到他兴办学校的良苦用心。

张元开向他们介绍，企业曾先后办过工读班、大专班，与沂南县职业中专学校、临沂工业学校、山东工学院、洛阳工学院、河南科技大学等也多有合作，办过 7 届 9 个班，培养了一批优秀专业技术人才，为企业的发展壮大发挥了重要作用。

黄传真副院长提出要去学校看看。到了学校，走进一间教室，黑板上方两行醒目的大字吸引了他们的目光："看文凭，更看水平；重学历，更重能力。"这是张元开一直倡导的办学宗旨与教学方针。

从教室出来，他们又前往厨房、食堂、师生宿舍等地参观。秦惠芳书记对黄传真副院长说："什么都不用说了，我们做不好，真的对不住老厂长。"黄院长会意地点点头："要是不来亲眼看一看，真的想象不到一个企业能如此重视教育。我们绝不能让这位老人失望！”

在接下来的商谈中，黄传真代表山东大学校方亮明了此次办学的宗旨——“让支教成为一种荣誉，把文化变成一种动能”。他们将积极发动包括已退休人员在内的广大教职工踊跃参加这次支教工作。张元开则就联合办学的相关事宜做了具体说明与承诺。比如，为了节省支教老师的宝贵时间，将由企业派专车接送，等等。

在接下来的合作中，来自山大机械工程学院的优秀老师以及一批退休老教师分期分批来到沂南，他们捧着一颗爱心来，以饱满的工作热情，悉心为沂蒙山培育专业技术人才。两年后，大专班的学员们以优异的成绩取得了由山东大学机械工程学院颁发的结业证书。山东沂蒙轴承厂与山东大学联合办学又结出丰硕成果。

张元开同山大教授、洛阳轴研所高工、大专班师生合影

09 相见时难别亦难

2008年秋天，已经74岁的张元开因为身体原因，决定离开工作岗位。这个决定，对他来说是个艰难的抉择。了解他的人都知道，他留恋的不是职位，而是事业。事实上，张元开是个只会工作不会玩耍的人，平日他心里想的除了工作就是工作。若不是身体不允许，他肯定还要继续干下去，直到彻底干不动为止。

一、一拖再拖成大患

2008年秋天的一个早晨，办公室主任以海刚坐到办公桌前，就接到厂长夫人赵久香的电话。她让以海过去一趟。以海刚走进厂长家大门，赵久香就开口了："夜来[1]晚上，你叔感觉气不够喘的，天一明他又去了济南。你想想办法吧，不能再让他干了！"

接到厂长夫人安排的这个任务，以海甚是为难。其实早在这之前，考虑到张元开的身体状况，沂南县多位领导就已经劝他不要再干了。可张元开的表态总令人无话可说——等弄完企业改制吧，等滚子厂生产了吧，等拔丝厂投产以后吧，等福利厂正常运转吧，等磨加工自动线技改项目验收生产吧，等锻工、热处理改造完毕吧，等凤凰宾馆、石英砂石矿、石英砂厂、养殖场、果园林场

[1] 夜来：方言，昨天。

建好了，等企业上市了……他总有推脱不开的理由，却唯独没有考虑过自己的身体状况。

为了这件事，沂南县常务副县长满玉成、分管工业的副县长公维禹也多次做他的工作。当然还有最了解他的工业局局长王景良、经贸委主任夏兴传、体改委主任于长水，就连检察院副检察长刘金平这位老朋友都多次找他谈过。县里退下来的一些老领导也都劝说过他，可没有一个人能够说服他，反倒总是被他说服。

这天张元开一早便赶往济南，因为中国重汽集团那边打来电话，说是产品验收合格了，要他前去商量召开座谈会、签订协议等事宜。

作为公司的办公室主任，以海太了解老厂长了。他和老厂长形影不离地相处那么多年，对他的秉性可谓一清二楚。作为张元开工作上的助手和生活中的小辈，以海不是没有劝过他，只是收到的效果和其他劝说者一样——一点也没用。

张元开与夫人赵久香

以海了解厂长夫人对厂长那种由衷的心疼。这对夫妻同年同月生，从1954年2月喜结连理到如今，已经相伴走过了大半个世纪。赵久香总是在背后默默地支持丈夫，她以柔弱的双肩扛起了家里的大小事情，让丈夫干事创业没有后顾之忧。对于妻子，张元开则充满了愧疚。早在20世纪70年代，因张元开贡献大，上级奖励他一个农转非名额。按照政策，其家属赵久香可以使用这个名额，成为一名正式工人。在当时，县工业局领导、劳动局领导等都做出了明确指示，让张元开给家属办上招工手续。可夫妻两人商量到最后，还是决定不占用这个名额，因为张元开想把这个名额让给更需要的人。在这件事上，他觉得十分愧对妻子，可妻子最终还是理解了他。

张元开从中国重汽回来时，已经晚上七点多了。这天晚上，他再也坚持不住了，没等天亮就被送往县人民医院急诊室。拿到检查结果时，他才知道自己的病不得不重视了，他的血压动辄就接近 200，血糖动辄十五六，医生还查出他患高血脂、冠心病、糖尿病都十多年了。尽管这样，张元开还总把自己当成一个健康人，一工作起来就什么都忘了。医生说，要不是他体格好，早被病魔撂倒了。

他各种不舒服的症状多数是由糖尿病并发症引起的，糖尿病引起的视网膜病变、肾脏病变、微血管病变。尽管张元开已被医生警告过很多次了，他还是没有给予足够的重视，直到这次被送进急诊室，他才察觉到问题的严重性。

张元开的老朋友，沂南县人民医院副院长、心脑专家郭传智也不止一次地提醒他注意身体，告诉他血压持续过高会加重冠心病，冠心病如果急性发作，可能会出现心脏骤停；如果救助不及时，就容易出现猝死的情况。郭传智提醒张元开，在糖尿病肾脏病变检查中，已经诊断到微量白蛋白，叮嘱他往后一定要改善饮食，避免食用辛辣刺激性食物等。“如果控制不好，一旦转成尿毒症，那么你受罪的日子就来了，真要等到那个时候，一切都晚了。”郭传智严厉地告诫老朋友。

事实上郭传智院长说得一点不错，他的各种预判随后也都一一得以证实。张元开因视网膜病变引发眼底出血，尽管手术治疗多次，但视力损害已经非常明显，情况也很严重；心脏虽说又是搭桥又是支架，但因错过最佳治疗时期，最终手术效果一般；同时他也做了干细胞移植手术，结果也令人失望；最要命的还是尿毒症，他靠透析维持生命，可最终也没坚持两年。那段时间是张元开最受折磨、最痛苦的时间。

经历了这次急诊事件，张元开仿佛开启了要退下来的“按钮”。以前他总是不服输，总以为这些毛病打不倒他，但随着时间的推移，无论是体力上还是精神上，他都感觉到了明显的变化。

张元开出院后，以海通过近一个礼拜的细心观察，发现他体力下降明显。以前下班以后，老厂长从不按时回家，总有干不完的事，晚饭后总是来厂再待到 10 点，有时候 11 点还不回去。但从医院出来后，待到 9 点他就回去了，有时候甚至不到 9 点就回家了。

一天，以海敲开了张元开办公室的大门。一番寒暄之后，他直奔主题。

“厂长，您今年已经 74 岁了，应该好好考虑一下退休的事了。”

“如果就这事，你还是去办公室值班吧！”张元开对此很不耐烦。

“厂长，我知道以前有那么多人劝过您，包括很多领导说您您都不听，我完全理解，那时您的身体还行，可自打这次住院以后，我觉得您应该对您自己的身体负责了，这也是对家庭的负责，对婶子的负责……”

没等以海把话说完，张元开再次想把他撵出去。

临沂市政府副市长马昆在“开元轴承新产品展示会暨庆祝建厂 60 周年仪式”上致辞（遗憾的是张元开没有等到这一天）

“1994 年你 60 岁的时候，黄书记、王县长就让您退，您说身体还行再干几年，领导同意您继续干，这一干就是 14 年。可是今天，您身上的糖尿病并发症已多达十几种。如果再这样继续下去，您就是对自己不负责任，也是对总经理、对企业不负责任。通过这几年的摸爬滚打，张总已经能够胜任公司的工作了，您完全可以把企业交给他。我知道，企业是您一手创建的，可纵使有千万个不舍，也到了必须忍痛割爱的时候。”

听到这些话，张元开没有再往外撵以海，而是慢慢闭上双眼，一言不发。

2008年8月26日，张元开在74岁时，忍痛离开了他心爱的工作岗位。在过去的54年时间里，张元开都在打拼事业，是时候留点时间给自己、给家人了。

张元开退下来的消息很快传了出去，省、市、县、乡的领导来了，洛阳轴承研究所、中国轴承工业协会的领导来了，配套厂家、供应商家的领导也来了，还有众多老伙计都来了，他们都来看望这位老朋友。

从看望他的人中传递出的信息可以得知，他准备和张庄镇政府联手，继续开发凤凰岭，规划当时颇具发展前景的砖机生产项目，村镇经济方面他也有自己的筹划，大有第三次创业的劲头。如果不是残酷的疾病折磨着他，他的工作仿佛永远也停不下来。退下来后，张元开还是力所能及地做了很多事，让张庄镇委、镇政府备受感动。在他的指导下，张庄镇还真的创办成立了砖机厂，并生产出合格的砖机设备。

二、为厂修史终成憾

王文斌

在张元开透析治疗期间，他好像感觉到自己的时间不多了，便突然有了一个愿望，而且这个愿望非常强烈。他打算建造一座厂史展览馆，把企业从1956年建厂到现在的发展历程梳理一遍。一个星期日的上午，张元开的老同事兼亲密战友、原沂南县国营第二机械厂厂长王庆运之子王文斌[1]来看望他的时候，他把这个愿望告诉了王文斌。

---

[1] 王文斌（1955.3——2015.7），曾任沂南县人大常委会办公室副主任，挂职鲁南轴承厂副厂长，后辞职担任山东省外贸丝绸有限公司临沂支公司来利公司经理等职。

张元开 74 岁退职后与家人在凤凰岭合影

王文斌原在沂南县人大常委会任办公室副主任，后来辞职到临沂下海经商。他先在山东省外贸丝绸有限公司临沂支公司来利公司任经理，又去一家报社谋职，后来当了一名职业律师。张元开打小就喜欢王文斌这孩子，认为他忠诚、老实、机智、能干，是一个文字功底深厚又敢闯敢干的人。在张元开心中，王文斌、以海都是搞展览馆的好人选，他对他俩说："把它搞起来，把 20 世纪五六十年代那些机器、车床等复原出来，让配套厂家、供应商家、社会人士、上级领导、咱们员工，还有子孙后代看看咱们那时候创业是什么样子。"

在以海看来，做厂史展览馆是一件好事，但绝不是一件容易的事，尤其是设备复原这块，没有相当的专业技术搞不了。王文斌却对他说："张叔没多少时间了，我们何不满足他的要求，帮他实现这个愿望。"两人因此事，产生了很大分歧。

后来，两人经过几番讨论，基本达成共识。这件事肯定不能推辞不做，但隔行如隔山，要让老厂长明白聘请专业人士的重要性和必要性。随后，以海执笔起草《山东沂蒙轴承厂厂史展览馆创建与编纂计划方案》，写完后他把这份计划书交给王文斌，示意由他亲自跑一趟。王文斌亲自找到老厂长，把方案

张元开参加山东省第十届人民代表大会第一次会议留影

的具体内容念给他听。听罢，老厂长半天没说什么，像以往那样，双目微闭。那时，张元开已眼底出血，视网膜病变严重，动过几次手术也没什么效果。

王文斌趁此机会仔细打量着眼前这位曾经披荆斩棘、叱咤风云的老厂长、老叔，他不由地想起过去的一幕幕：父亲被打成“右派”时，自己只有三岁，是老厂长一边给父亲送衣送饭，一边照顾他们全家；父亲病了，他跑前跑后，母亲住院，还是他找医生找院长，硬是把母亲从死亡线上拉了回来，后来父亲、母亲离世时大小事宜也还是他张罗的……想到这里，王文斌禁不住心里一阵酸楚，眼泪夺眶而出。

过了一会儿，老厂长说：“我说文斌侄呀，你的这个计划方案我听了感到很好。这几天听不到你们的消息我也一直在考虑，这确实是件大事大工程。你们说得对，干一回，咱就把它搞得好好的。原来我想你和以海都能写会画，我想得过于简单了。”听到这话，王文斌心里有底了。其实，他一开始也把这事看简单了，老厂长一说就答应了。王文斌随后见到以海，什么话没说，伸出大拇指一个劲地点头。

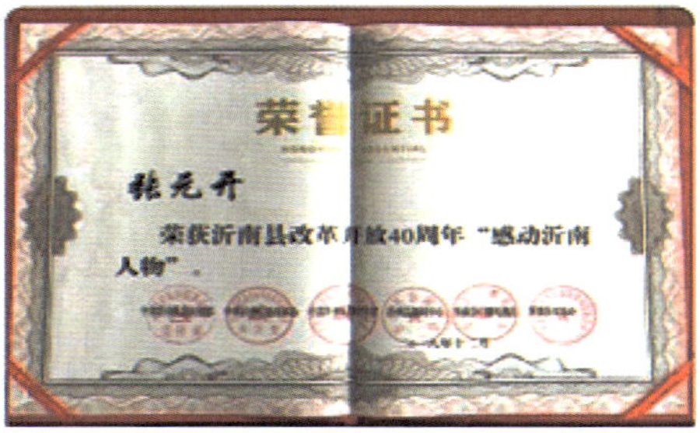

2018年张元开在去世五周年之际荣获改革开放40周年“感动沂南人物”，图为奖杯和荣誉证书

后来，张元开又专门叫来了以海，对他说：“等病情好转，再商量这事，厂史展览馆一定要建，办不好我死不瞑目。”以海听后，心中咯噔

一下。可没过几天，张元开的病情越来越严重，他只能靠透析来维持生命。2013 年 6 月 2 日，张元开永远离开了这个世界。

处世篇

大爱人生——志高心澄天地宽

01 “低调做人、高调做事”

一、“五不”原则秉初心

熟悉张元开的人都知道，他生活俭朴，始终保持着艰苦奋斗的优良传统。直到去世他仍居住在张庄镇20世纪70年代末建造的平房里。他深知创业的艰难，始终遵循“五不”原则：不浪费一分钱，不住高档宾馆，不进高级饭店，不游山玩水，不看名胜古迹。

在他的办公室里，经常放着一个塑料袋，里面装着煎饼、馒头和咸菜，这通常就是他的午饭，用他的话说“吃饱了不害饿”。在食堂吃饭，他也是凭票餐饮，从不拖欠。

生活上厉行节约的他，心中牵挂的永远都是职工。他从不拖欠职工养老金、工人工资；他舍得花钱投资建职工食堂、宿舍；更舍得花钱改善职工的生活。

从开始创业到成为国家大二型企业董事长，他一直都在勤勤恳恳地工作，每天上班来得最早，下班回去得最晚，为工作倾注了全部的心血。公司员工给他做了一个形象的总结：“在企业不想家，回到家里想企业。”

第一次创业，他带领的企业连续多年蝉联沂南县利税大户榜首；二次创业时，他带领的企业又连续十六年排名全县利税大户前十。

2000年，在他的带领下企业更是成为全县第一利税大户。因超额完成县政府下达的年度计划指标，按照县里的奖惩办法，应奖励他本人16万元，但张元开说什么也不肯要。

县委王书记为此专程找到企业，张元开还是拒不接受：“俺是一个纳税人，实现利税就应该上交，这是纳税人的本分与义务，是应该做的。谢谢县委、县政府的关怀，这奖金我不能要。”

王书记对张元开说道：“张厂长，这是县委、县政府制定的奖惩办法。你带领企业超额完成了指标，理应得到奖励。”

张元开还是坚持道：“钱这东西，生不带来，死不带走，有住的，有吃的，够用就行了，没必要把它看得那么重。请领导放心，我从一开始干工作到二次创业就没打算为自己挣多少钱。现在我的工作很充实，生活很幸福，不会因不要这些奖金影响我干工作的积极性。”

“不，这些奖金与你们振兴沂南工业、发展经济做出的贡献比还是微不足道。从这两年奖惩办法的实施和征求反馈的意见看，大家都持支持态度，社会反响也很好。对做出重大贡献企业的厂长、经理们就得好好奖励，没你们没白没黑地奋力拼搏、默默奉献，沂南的经济就不可能这么好。”

见王书记这么坚持，张元开终于接受了奖金。但后来人们才知道，他把县政府这笔奖金以及以前获得的奖金共计 20 多万元全部捐了出去，用于镇敬老院建设、困难职工救助和支援贫困山村建设。

这就是张元开的思想品行，这就是张元开对“五不”原则的坚持。其实，在他的生活中，“五不”原则的故事还有很多。

早在 1996 年，县里就奖给他一个转干指标，他同样不要。他的理由很简单：一个厂长，离不开企业，工人身份也一样。亲戚朋友都让他慎重考虑。可他却说，咱就是干企业的材料。他的全部心思都在企业上，这辈子最喜欢的事情就是与工人在一起工作。

有人说他傻，也有人说他不懂得享受，可他心里想的就是怎么能给国家尽量减轻一点负担。

在早些时候，企业已经推行年薪制，公司人事部门也多次建议他拿年薪，可他一直让企业执行县劳动局审批的档案工资标准。他的工资收入比副厂长高两级，一个月多收入 26 元，其他待遇都一样。企业人事部门多次提出要提高他的工资待遇，都被他拒绝了。张元开连续工作 54 年，退休时的工资仅为 1200 元。

二、延迟退休写拼搏

快到六十周岁的时候，张元开有了“心事”。为了实现自己的愿望，张元开想尽一切办法，尽管心里没底，但他会尽最大努力去争取、去实现。

（1）劳动局“碰壁”记

在张元开六十周岁这年，他的事业正如日中天，需要干的事太多了。可是按法律规定，他马上就要退休了，企业内部有很多员工都在议论这件事。

“如果张元开退休不干了，用不多长时间企业也就像原来一轴厂那样，工资发不上，我们该怎么办？”

“要是他真的退休不干了，谁能挑起这个重任？这个行业，这个职务，可不是谁想干就能干得了的。”

“是他拼死拼活、流血流汗一步步带领企业发展到今天的，他可不能退。”

一时间，员工们讨论得热火朝天。张元开早预料到会有这些议论与担心。其实，他心里比谁都清楚，企业正处于发展阶段，也是最需要他的时候，在这个时候怎么能办退休呢？这样职工会怎么想，都办了手续拿退休证了，国家发退休金给你了，还能带领员工拼命干活吗？

1994年，离退休时间还有几个月的时候，他就叮嘱企业人事科，不用替他申请退休，也不要将他的档案材料送至劳动局进行审核，同时安排办公室为他拟好延迟退休的申请报告。然而，当他满怀希望地将材料送到县劳动局劳保事业处的时候，对方说什么也不收。

负责办理退休手续的凌主任说："这样的事我们还没遇到过，在企业里干，人家最期盼的就是退休的这一天，巴不得赶快退下来。"

张元开解释说："我的情况不一样，我身体健康，还能继续工作。"

一边的张主任接着说："如果继续干可以拿双份工资，国家一份，企业一份，这样的好事上哪儿找，何乐不为。"

张元开正色道："我不想拿国家这份工资，只是想延迟退休。"

凌主任和张主任面面相觑，详细询问张元开，终于弄清楚了他的想法，二人感动之余，也只好跟他说让他再去找找劳动局局长。

此时，同去的以海心里清楚——找局长也白找，这是国家法定退休年龄，不是劳动局局长能够说了算的。

从局长办公室出来后，张元开果然闷闷不乐。显然他被拒绝了，心中别提有多沮丧。但局长说得有理有据，没留一点余地，这是国家法定的退休年龄，不是提出申请就可以批准的。

"我们回去吧厂长，局长就这么大的权限，人家说得也很清楚，要找就去县委、县政府找领导，连工业局主管部门都不必去。"随同的以海说。

张元开兴兴而去，悻悻而归。

（2）"心事"如愿以偿

张元开回到企业后，焦躁不安，他越想越想不通，越想越感到别扭，越想越感到担心。为排解烦闷，他一个人跑到车间，从下料车间到安装车间，十几个车间全部看了一遍。这时他浑身是汗，衣服都湿透了，可他全然不顾。很多职工见了，并没多想，因为职工最了解他，下生产车间是他的常态，很多时候他出差回来，不管什么时候，哪怕是晚上十一二点，他都要到车间走一圈，这也是他多年来养成的习惯。

他看到车间职工你追我赶、热火朝天的工作干劲和生产局面，联想到客户纷纷发来订单，这是多么好的机遇，怎么能够错过呢！想到这里，他心潮起伏，难以平静。

他越想越感到身上的责任重大，越想越感觉自己不能退休。回到办公室，他仍沉浸在思考中。他不停地对自己说，就凭我的身体和精力，再干十年八年没问题。

于是他把以海叫过来，对以海说道："你赶紧回去帮我起草一份给县委、县政府的延迟退休申请报告，我们去找王县长和黄书记，我就不相信，我还有这个工作能力，不靠国家，自食其力还不行？"

他们先去县政府找到了王县长，等张元开递上延迟退休申请报告并把情况简要说完，王县长微微笑了。王县长说："张厂长，我看这样，今天正好黄书记也在，我们一块儿过去。"

找到黄书记后，王县长把张元开的来意一说，黄书记也会心地笑了。

两人简短商议后，黄书记对张元开表示："你的工作，不受年龄限制，能干到什么时间，想干到什么时候，由你说了算，我和立运县长同意你的申请，同意延长退休。并代表县委、县政府对你的抉择表示感谢！"

听到这话的张元开，简直不敢相信自己的耳朵，他没想到县领导这么痛快就答应了，而且想干到什么时候由他自己说了算，张元开真的太高兴了。他握着黄书记的手，激动地说："谢谢黄书记，谢谢王县长，有你们这话，我就放心了，这是领导对我的信任，也是对我工作最大的支持，请领导放心，

机电部洛阳轴承研究所所长徐学当听说张元开工作不受年龄限制，专程前来祝贺！张元开与徐学当及县领导在公司后花园专家楼前合影

我一定会把工作做好。”

其实，县领导是了解张元开这个人的，如果这个时候让他办理退休手续，他心里会背上包袱，会有消极情绪的，这对他或许是一种莫大的伤害。因此，县领导的这个决定，对张元开来说更是理解、关心、爱护和支持。

两位领导望着张元开的背影，不住地点头称赞，一个多么朴实淳厚的老头儿啊！什么叫以厂为家，企业就是他的家！

71 岁时，张元开的身体有了很多毛病，他女儿找到公司人事部门，背着他悄悄替他办了退休手续。整整 11 年后，他才真正领到国家发放的养老金，他连续工作了 54 年才退休。

知道这件事后，他还是把女儿狠狠批评了一顿。他说这是他的事，不能瞒着他，应该告诉他。女儿面对父亲的批评，心怀愧疚，感觉对不住自己的父亲。可他又怎能理解女儿当时的心情，干了一辈子，总不能等到离开了人世，连个退休手续都没有吧！这也是工作一辈子的证明和荣誉啊！

这就是张元开，这就是他的拼搏与奋斗。

三、夕阳红里有无悔

张元开二次创业的时候已经55岁了，他整天忙忙活活，不知不觉就走到了夕阳红的时光。

浙江省委原常委、省政府原常务副省长袁芳烈，从中央电视台看到年近七旬的张元开，仍坚守工作岗位，继续创业，而且把企业做得那么好，非常敬佩，便从浙江专程过来看望这位厂长。

座谈中他不无感慨地说："最美不过夕阳红，温馨又从容。"这几个字真实地描述了张元开无怨无悔、无私奉献的人生。当然，也让人们想起当代著名诗人臧克家诗作《老黄牛》中的经典诗句："老牛亦解韶光贵，不待扬鞭自奋蹄"。

（1）"小面瘫"引"大遗憾"

沂南县政府王俊庆副县长陪同浙江省常务副省长袁芳烈到企业参观，张元开向他们介绍企业发展情况

有人说张元开是一个工作狂，干起工作不要命，可他却说干工作就得这样。今天的工作不能等到明天再干，如果拖泥带水，工作就不会成功。他出差一直都是带两个司机，用他的话说就是"歇人不歇车"。他可以说是有"异秉"的——他能在车上睡觉，到了目的地就精神十足。

刚创业那几年，他一年行程二三十万公里。只有目的地很远或时间紧迫时，他才选择乘坐飞机。有一年十月，四川一家车桥厂需要高精度轴承，他怕耽误对方生产，更不想失去这次合作机会，加上对方盛情邀请，他便坐飞机前往四川洽谈业务。当行程圆满结束飞回济南时，因寒流突至，加上旅途劳顿，他不幸得了面瘫。

面瘫本算不上什么大病，只要在家避风保暖、静养治疗，就能基本痊愈。可眼前这摊工作，让他无法闲下来，他一心扑在工作上，结果面瘫越来越严重。

家人、医生、领导、同事、朋友都让他休息，让他停下手中的工作安心治疗，可他还是坚持带病工作。因为他心里最清楚企业所面临的处境，几家大车桥厂都急需产品样品，如果错失这次机会，那就要等到一年以后甚至需要花费更长时间，而重新考察则意味着一切都需要从头再来。

他更知道开拓一个大用户有时真比登天还难，所以他一直带病工作。他的面瘫越来越严重，眼睛流泪，口角下垂厉害，眼斜更严重，连进食都成了问题，可他还是不去医院，坚持在公司调度组织，指挥生产。为便于工作，他干脆搬到三楼的一间屋里，吃、住、工作、治疗都在那儿，连电话也移了上去。

市、县相关领导，省机械厅领导，中国轴承工业协会领导，还有配套厂家、供应商单位，听说后都来看望他。看到当时的情景，来人无不被其深深打动。

他虽然连吐字说话都十分困难，还是吃力地用含混不清的声音愧疚地说："压根没瞧得起的小毛病，还是惊扰了大家，真是太对不起了。"可来人又有哪个不晓得，明明是他日夜操劳才让面瘫越来越严重。

其实，医生一开始就提醒了，在治疗期间要多休息，注意头部保暖，保持心情愉悦。只要他静心调养，多配合医生，这个病也好治愈，一般不会留下太明显的后遗症。可像他这样，工作倒没受影响，病情却越来越严重。后来出于礼仪，他让人特制了一个大口罩，外出时随身带上。过了整整七个多月的时间，他才病愈。

令人伤感的是，他那棱角分明的嘴巴，那曾经敏锐睿智的一双漂亮大眼睛，因这场疾患，永远留下了后遗症。

（2）“三高”后“约法三章”

或许真的是劳累过度，有一年春天，张元开常常感觉头晕得厉害，身体也时常疲惫不堪，有时候才走到二楼就觉得腿酸没劲儿。家人和朋友多次督促劝说，他才勉强同意去医院检查。不查不知道，一查吓一跳。他的血压高压 210，低压 110；血脂、胆固醇也很高；空腹血糖 13.8。其他不正常的指标指数也不少，他的身体状况着实令人忧心。

省人大代表，县人民医院心脑专家、副院长，同时也是他的老朋友郭传智让他立即住院，可他在医院开了点药就回家了。在回去的路上，他与随同人员“约法三章”：不要为这点病大惊小怪，人吃五谷杂粮，哪能没毛病；对内不要告诉干部职工；对外不与社会上的人讲。

就这样，他没有被这“几高”吓倒，工作、生活、公益活动等一切如常。看上去他和以前没有什么不一样。那句“老牛亦解韶光贵，不待扬鞭自奋蹄”便是他的真实写照。

其实医生的忠告他也记在心里，他知道这些慢性毛病积攒多了，终有一天会爆发的。因此，他也常备一些降压、降糖的药物并坚持服用。但他工作的劲头并没有丝毫消减。相反，随着企业规模越来越大，企业管理越来越需要规范，他的工作量自然也越来越大。但张元开始终默默地坚守着，因为他知道身为经理人的不容易。

经理人与其他职业不同，一旦选择挑起这副担子，扛起这份责任，就不是那么容易放弃，只有用一生的时光慢慢打磨锤炼、拼搏奋进。张元开明白，既然选择了这个职业，等待着自己的就是责任——对员工、对股东、对社会的责任，以及没日没夜的对未来的思考与彷徨。

四、《沂蒙人》里有收获

有一位作家为了写优秀创业者张元开的故事，费了许多周折，起初即使请县长、书记出面，张元开也不愿接受采访，这位作家却始终不肯放弃。最终，张元开被他的诚意打动，《沂蒙人》一书才得以面世。正因如此，作家称“这是一本艰难的《沂蒙人》”。

（1）错过机缘的初见

那是1996年秋天的一个晚上，有位作家来到沂南，下榻县招待所，接待他的是其好友王县长。这位作家叫张皓新，来沂南的目的很明确，想采访一位干事创业的沂蒙人，也算是专程慕名而来。但他并未向王县长透露心中的人选，而是等待好友的推荐。

刚聊没几句，王县长就推荐了山东沂蒙轴承厂厂长张元开。张皓新心中暗喜，心想这回沂南之行算我来对了。本来他还想从王县长那儿多了解一些情况，也好做个采访前的准备工作，可王县长接下来的一番话让张皓新心凉了半截——张元开很少接受采访，就算是县里干预，他也不愿意。张皓新希望王县长帮忙说动一下，王县长答应第二天陪他一起去沂蒙轴承厂试试看。

然而，令王县长和张皓新失望的是，张元开当天早上五点就去了洛阳，至少也要三天才能回来。王县长回县里办公去了，张皓新就在厂里住了下来，说什么也要见见这位已经62岁的老厂长，负责接待他的正是以海。

第一天，张皓新劲头十足，吃了早饭就由以海陪同，从第一道工序下料车间开始，将所有的工序都看了个遍。每到一处他都认真仔细地观看，不懂之处还详细询问陪同的以海。一圈参观完毕，已经到了午饭时间。

“下午我没事，还有滚动轴承厂和拔丝厂没参观，要不要再看一下？”

以海问他。

“还是算了，明天再说吧！”看得出，他的信心已经有点动摇了，或许他是真累了。第二天吃过早饭，张皓新就急匆匆来到办公室。一向起早的以海这时已经搞完室外卫生了。

“您好！”以海向张皓新打招呼。

“您好，以海！这么早啊！把走廊都拖干净了。”张皓新看到还有点儿湿的地板说道。

“今天是我值日。”

“你们没有保洁员？”

“没有。这是老厂长定下来的老规矩，每个生产车间都有自己负责的卫生区域，科室也有卫生责任区。”

“好啊！一年下来也能节省很多开支呢！是个精打细算会过日子的厂长！”

“别说这个，一年上万吨的钢材还有成品，我们全都是职工自己义务卸装，公司没有一个装卸工，也从不向外面雇人。”

“以海，张厂长三天之内能回来吗？”看得出，他真的想立刻就见到这位厂长。以海见他着急，解释道：“昨天晚上，厂长来电话了，他说没特殊情况应该能赶回来。不过，很多时候也会突然改变行程计划。”

也算是巧合，话音刚落，以海的电话就响了。以海接起电话，正是张元开打来的。他在电话里交代，别让张作家等了，因为他还要去很多地方考察，他马上要从河南洛阳赶往湖北十堰，接着还要去四川雅安。他安排以海带张作家到诸葛亮老家黄疃、北寨汉墓还有孟良崮等地游览游览。

张皓新听到这儿，急忙把电话要了过来，说道：“张厂长，您好！我是从济南来的张皓新，我真的非常想采访您。哪怕五天、六天，我也一定要等您回来。

您大约还需要多久才能回来啊？”

张元开一听这话，也措手不及。这样的长途出差，他真的无法给出明确答复，可对方的口气分明不容他有含糊其词的回答。想到这儿，张元开道：“都是一家子，你看这样行吗？今天先让以海陪你到沂南的一些景点游览，明天让以海安排车把你送回去。等过些时间，咱们再联系。因为企业刚拿到省里批文，要进行股份制改革。等改制好了，到那个时候我去接你。”

张皓新听到这句话，心一下子凉了半截。但张厂长说的也是实际情况，企业改制那可不是说着玩儿的，有很多步骤，工作量很大。现在很多企业都争先恐后抢坐改制这班车。他放下电话，没多考虑，就让以海安排车回县里了，他准备跟老朋友王县长倾诉自己的这番经历。

王县长早就预料到会有这样的结果，他不由哈哈大笑。

张皓新走的时候，握着王县长的手，非常坚定地说：“这个人物我非写不可。书的名字我都起好了。张元开生在沂蒙，创业在沂蒙，奉献在沂蒙，这本书就叫《沂蒙人》。”

“好，这个名字好！下次你再来，我陪你一起去采访！而且要和黄书记一起去！”王县长说道。

回济南时，张皓新多少还是有点怅然若失，毕竟他没能见到自己朝思暮想的张元开。可让他感到高兴和欣慰的是，王县长向他打了保票。

（2）再相逢是好时节

一个月过去了，两个月过去了，半年时间又过去了，他还是没能见到张元开。这下可把张皓新急坏了，在这期间，他没少给张元开打电话，可是得到的回复总是“很忙，实在没空接受采访”。通过这一系列通话，张皓新也慢慢了解了张元开当时的工作状况：他不是在外地出差，就是忙于企业改制。

中央电视台记者采访张元开

转眼已经是1997年深秋了。张皓新再次来到山东沂蒙轴承厂，这次他终于见到了自己心心念念一直想采访的老厂长。这回陪他来的还是他的好朋友王县长（此时王县长已经是县委书记了）。

王书记热情地说："张厂长，张皓新是来挖掘弘扬你艰苦创业的精神的，他要根据你的经历写本书。这不单单是你一个人的事。因为，沂蒙轴承厂的发展，说白了，就是沂南工业机械制造企业发展的一个缩影。你要坐下来，拿出时间，拿出精力，把你的创业故事详细地讲出来。"

恭敬不如从命，张元开知道这次拖不过去了。他首先开了个班子会议，把张皓新和县里领导的意思向班子成员通报了一下。班子成员一致同意，大力支持。因为张元开的创业史的确值得一书。书写成了，也是企业形象宣传的一部分。

这件事就这样定了下来。张元开根据作家的采访要求，从头开始讲自己的创业史。当讲到难处、苦处、痛处的时候，张元开这位钢铁一般的硬汉子，眼睛还是不时地湿润了。张皓新也被感动了，他这才知道，张元开是一个怎样的人。

正如他在《沂蒙人》一书中写的，张元开的创业之路，体现出的是沂蒙人坚忍不拔、顽强不屈的拼搏精神！没有这一点，就没有山东沂蒙轴承厂的今天！

因为采访机会来之不易，张皓新的工作热情很高。张元开白天工作繁忙，他就利用晚上的时间对张元开进行采访，几乎每天晚上都要采访到深夜。根据张皓新的要求与提议，以海还组织召开了几次座谈会，厂领导班子、中层干部、班组长和职工代表等都参加了。通过与他们聊天，张皓新对张元开有了更全面的了解。

仅仅半个月的时间，他已记满两大本子。看得出，对这次采访，他非常满意，也非常高兴。满意的是，他的采访圆满完成；高兴的是，他认识了张元开这位钢铁汉子。他曾经说："我写了那么多书，像张元开这样的创业人物，是很少的。"

接下来的日子，张皓新投入到写作中，并于 1998 年 3 月完成初稿。同年 4 月 18 日，他再次来到山东沂蒙轴承股份有限公司，对文中涉及的相关专业问题进行再采访；随后，又对文稿进行了精修。1999 年 11 月，其纪实文学作品《沂蒙人》终于由山东文艺出版社出版，山东省新华书店发行。这也是张元开 54 年创业生涯里，唯一一本介绍他创业故事的书。

《沂蒙人》一书发行后，中央电视台经济综合频道以及《中国企业报》《工人日报》《中国科技报》《大众日报》等多家媒体相继刊发报道了张元开的创业事迹，山东沂蒙轴承股份有限公司的知名度越来越大。2006 年 10 月，公司在新加坡交易所成功上市，成为国内首家在海外上市的轴承制造企业。

五、一次演讲谈奋斗

那是 2000 年秋末冬初之际，公司办公室接到县委办公室电话，沂南县要开展"致富思源、富而思进"教育活动。经过层层筛选、严格把关、综合评定，沂南县委、县政府最后一共确定了四个典型人物作为这次教育活动的代表，张元开便是其中之一。

（1）老县长突然驾到

当时全县二十七个乡镇，每个乡镇都要巡回演讲，最后一场演讲在县招待所会议大礼堂举行，全县科局级以上干部都需参加。公司接到消息时，离第一次演讲只有一个星期的时间了。

办公室立即将情况汇报给张元开。他听了之后说什么也不干。虽然这是个千载难逢的好机会，对企业、对他本人都是一次很好的宣传与推广，可他就是不领这份情。他觉得干好自己的工作就行，没必要宣传自己。自己只是干了本职工作，是个普通人。

这时县委宣传部部长周少华来了，说这是政治任务，必须参加，而且还要把材料搞好，把艰苦创业的沂蒙精神写出来。材料将由县委宣传部把关，县委领导还要审阅、听试播。可是不管周少华怎么说，张元开就是不答应。

因为当时企业的生产经营等工作都到了紧要关头，有几个项目也在紧锣密鼓地进行中。更何况眼下还有更重要更艰巨的任务等着他，再有两个多月就到年底了，他想达成成为全县第一利税大户的目标，这也是年初他就给自己立下的誓言。

张元开接受作家张皓新采访

周少华听了张元开的解释，觉得这也是实际存在的情况。但临走时他还是恳切地说道：“这个典型恐怕没有余地，还是请老厂长您做好准备。”

不久县委副书记田友梅带着县委、县政府的意见来了，她见到张元开便开门见山地说：“首先恭喜老厂长成为这次教育活动的典型人物，这是沂南的一件大事。你没时间可以找个人代你播讲，不用场场都去，但首场和最后在县招待所礼堂的那场你必须参加，这也是县委、县政府研究决定的。沂南县没有人比老厂长您更能体现干事创业、艰苦奋斗的沂蒙精神。这个任务既艰巨又光荣，让我们共同努力打好这一仗。”

听到这话的张元开沉默不语，一脸无奈严肃的表情。也许他知道，在这个时候，话都说到这个份上，他什么都不必说了，因为这是“最后通牒”。等田书记一行人走了，张元开长长吁了一口气。

以海说：“认了吧，厂长！”

“不，我们再好好想想。能推出去最好！”

“算了吧！谁让你不快点退休呢！谁让你一辈子只知道拼命工作，谁让你带领企业成为这么多年的利税大户呢！您想想，像您这样的典型人物在沂南工业系统还能有谁？这一点您应该比谁都清楚。”

“不行，咱去找王书记。”

“找谁也没用。你说等企业改制好了就退，你说等滚动轴承厂规范了就退，你说等凤凰岭的石英砂项目弄好了就退，现在你又说等企业上市以后就退。就像技术设备项目改造，一环紧接着一环。只要企业运转一天，你干一天，哪有个完呀！”

“怎么，真的盼我退休不干了？”

“您的年龄在这里呀，都快 70 岁的人了。再说这都是你自己说的呀！”

“不错，这话我确实说过，可真让我不干我闲不住。再说干企业就是这样，等什么不干了，干不动了，也许就到头了。”

“说句心里话，真的不想让您退下来。您想，您如果退下来，晚上我都找不到人说话拉呱了。您啊，在企业不想家，回到家里想企业，这是您多少年的习惯，我也习惯了，来企业顺了腿。跟您干我没干够，总觉得有用不完的劲。

跟您在一起工作，心里踏实呀！”以海还是说出了他的心里话。

就在这时，办公室小李敲门进来，说是老县长黄家义来了。张元开听到这个消息，急忙和以海下楼迎接。原来老县长一听说“致富思源、富而思进”思想教育活动选张元开为典型，就急匆匆赶过来了。

说起老县长黄家义，那可是张元开的老领导、老朋友。他80多岁高龄了还常来企业找张元开座谈，问长问短，问这问那，非常关心企业的发展。

黄家义在孟良崮战役、莱芜战役中，就曾带领民兵队伍参加战斗。在淮海战役、渡江战役中，他带领沂南民工支前团队参与战斗。新中国成立后，他长期在沂南县担任领导。工作时，他始终以革命大局为重，以党的事业为重，从不计较个人得失，以俯首甘为孺子牛的胸襟，无怨无悔做好自己的本职工作。所以，他深深知道一个干事创业者有多难多不容易，他了解也理解他们的苦处。

老县长刚坐下，张元开就迫不及待地把县委、县政府举办“致富思源、富而思进”思想教育活动的事情告诉了他，也许他想和老县长诉说衷肠，寻求帮助，看看能不能把这件事情推掉。老县长听了哈哈大笑，“我就知道你不愿搞这样的事，所以我就来了”。

老县长表示，沂南虽然不乏企业家，但只有你张元开，为了追求，为了梦想，痴心不改，一干就是40多年。如今都快70岁的人了，还在拼死拼活，以厂为家，单凭这一点，就应该被选为典型人物。

“我知道，宣传自己的事，你不喜欢，甚至有抵触情绪，你一辈子就知道一心一意搞你的企业。但这件事不是你自己的事，这是县里的大事。你的创业故事就是一本活教材，也是沂南工业的一部发展史。你要把艰苦奋斗的沂蒙精神弘扬出去。这是一次很好的思想教育活动，一定能够起到很好的教育作用。”

听到老领导这样一番掷地有声的话，张元开陷入了沉思。

时任沂南县人大常委会第一副主任满玉成，陪同沂南县原县长黄家义（时年 83 岁）在山东沂蒙轴承公司召开座谈会。黄家义曾这样评价："张元开同志的一生，都在生产创造财富，是奉献的一生。"

（2）光荣任务落身上

从接到县委办公室通知到这个光荣任务落定，以海一直心神不安，难以平静。因为他知道写材料这一任务肯定要由他来完成。他此前从未搞过此类事迹材料，可想而知他面临的压力有多大。也许是田书记的一句话提醒了他，他想到这件事可以找工业局刘秘书帮忙。

当以海把这个想法告诉张元开，却赢来当头一棒。

"找谁也不行，因为这是你的工作。"

"不，我想好了，这样的材料他会搞，他是高手。"

"你呀，还是得相信自己。你还记得 1992 年机电部洛轴所科研生产联合体挂牌仪式上的讲话材料吗？上边来的'高手'倒是不老少，可最后还不是你写出来的。他们没有你了解企业，这一点你应该很清楚。"

"这次不一样。那次的材料中写企业方面的内容多，而且与会者都是轴承行业人士。这次面对的是全县人民，我拿捏不准，还是找刘秘书这个高手稳妥有把握。”

张元开见以海坚持，也没说什么。见张元开开会去了，以海立马打电话给工业局刘秘书。

尽管刘秘书万般推辞，不愿意接这活儿，但在以海的不断劝说下，刘秘书最后还是答应下来。这下可把以海高兴坏了，他拾掇了半袋子资料，急急忙忙来到县工业局刘秘书办公室。

刘秘书一改往日的和善，脸色严肃，他提出用三天时间拿出初稿，先让县委宣传部看看行不行，如果通过了审阅，基本框架能再深加工，就继续挖掘提炼。如果没有通过审阅，那以海只能另请高明。

三天时间到了，以海拿着刘秘书写好的沉甸甸的材料，心里说不出的高兴。他直接来到县委宣传部，县委宣传部陈部长接过材料，也显得特别高兴。

“好，你们是第一个。好啊！原不打算搞的，却第一个报来了，就说明你们有的写。这样吧，先放这儿，看完我联系你，大概一小时左右。”以海正好要去县委组织部办事，两处相隔不远，同在一个楼上。可过去不到半小时，他的手机就响了。原来陈部长让他马上过去。

以海心想，这么快就看完了那肯定能行，可他又觉着那声音里有些急促。当以海推门进去时，周少华部长也在那里。看到两位部长严肃里面透着深沉与凝重的神情，以海感觉有些不对劲。直觉告诉他，事情有些不妙。这时，他的心一下子跳得有点儿急促。

陈部长看出以海心情的复杂变化，便和声细语缓缓地说：“事情是这样的。以海，材料我们大体看了一遍，写得不错，但在内容方面对企业管理、先进经验、现行情况的介绍偏多，和咱们这次思想教育活动要求的内容有点偏离。”

陈部长表示，这次“致富思源、富而思进”事迹演讲报告会，需要讲出张元开从20世纪五六十年代开始在那种极其困难的条件下艰苦创业的动人故事并对此加以宣传弘扬。星期五定稿，县领导还要试听，星期一就要在张庄镇政府会议礼堂举行第一场首播。

陈部长提议道：“这个材料还是由你执笔最合适。因为没有人比你更了解张元开。”

“好，那就这样，我回去再看看。”以海没有直接回答周部长的话。“对了，演讲时长一定要控制在一小时左右，其他三家都在40分钟以内，因为是张元开压轴所以你们在时间上可以适当放宽。另外，县委考虑到张元开年龄大，演讲场次多，可以找人代播，人选可让陈部长推荐。”最后周部长补充说。

以海从宣传部出来，找刘秘书说了一下情况，刘秘书开怀大笑：“从一开始答应你，我就犯了一个天大的错误，你这个鞍前马后整天在他跟前转的人不写，跑来找我，我那不是自作聪明，没事找事，自作自受啊！”

这时，以海又提出要去县政府办公室找刘兰勇主任和于秘书他们，被刘秘书拦下了。“真正动人的事迹和亮点闪光的东西只有熟悉的人才能写出来，还是得靠你自己去深挖细找加工提炼。谁也别依赖，找间屋子静下心闷头子写，用不了两天，保证能拿出初稿，只要初审通过，那就成功了百分之九十。”刘秘书告诉他。

等下午张元开出差回来，以海把情况一说，张元开笑了：“你想，你的活让别人干，那合适吗？别人能干好你的活吗？他们比你更熟悉企业更了解我吗？所以，谁的工作谁去干，这是常识，按常识办事，这很重要。”

以海虽说不是科班出身，可一直喜欢写写画画，他的诗歌、散文、摄影作品等经常在报上发表，真逼急了，应该也难不住他。刚开始找刘秘书也是畏难惧怕心理在作怪。经过三天两夜的奋战，他终于把初稿写出来了。

但这近60个小时的写作却让他憔悴了不少，可见写这份材料费了他多少精力。但写完了，他却特别兴奋。

“呵，我看连念都不用，已经感觉到了。”张元开看到以海兴奋的样子，高兴地说道。“时间还允许，我先念给您听听，只要您觉得行，我就更有信心了。”因为以海知道，张元开这关是很难过的，要是他不满意就等于白写。

“好！那就念吧！”张元开闭上双目静心聆听。这是他一贯的习惯，不知道的还以为他在打盹，其实每一个字他都听得非常认真。

当以海念到二次创业承包大理石厂时，他突然睁开了眼睛。“停一下，二次创业那里，应该加上这些细节。当时县电视台公开招标，一个星期过去了大理石厂仍无人问津，我费了很大的周折，最后签订了协议。当时我向县领导小组表态，这次承包，我保证产值翻番，不仅要把 75 万元亏损提前补上，我还要提前完成 63 万元的利润。搞好了，这是我应该干的，干不好处分我。可就这样，县里个别人还百般阻挠刁难不让干，为了争这口气，为了改变并不先进的沂南工业面貌，为了改善地区不发达的经济状况和人民不富裕的生活条件，我豁出去了，还是毅然决然选择承包。还有，承包过来以后，就要筹措资金，在当地申贷无门、求借无处的情况下，我首先发动职工筹集资金 2 万元，这时一些老朋友、老伙计听说了，纷纷伸出援助之手。新庄李遵福、杀猪站梅站长、临沂水泥厂的老曾、莱芜新泰煤矿老梁，这个 1 万，那个 2 万，加上日夜奔波于省内外到处寻找帮助，先后借了 20 多万元的启动资金。当时全厂上下斗志昂扬，形成了热火朝天的生产局面，企业焕发了新的生机，当月扭亏为盈，累计完成产值 65 万元，实现利税 6.3 万元，超额 33.3% 完成了当年承包基数，将 75 万元的亏损提前补上。”张元开说到这儿，情绪突然有点激动，思绪与感慨顿生。

“好。你说的我都记下了，下面写的还没念到。”

“那就继续念。”

以海继续念稿。只要念到他认为不太准确的地方，他总是及时纠正。张元开对稿子的总体质量很满意，但也叮嘱以海就不要提他在20世纪五六十年代取得的荣誉了。

以海从厂长室出来，深深呼出一口气，感到无比轻松。毕竟厂长这关过了，离通过就不远了，以海看到了希望。接下来第二关就是县委宣传部，那里能不能通过，以海心里没底。

为了能够通过初审，以海还是仔细打磨稿子，反复修改，加工提炼。等县委宣传部打来电话催促，他这才恋恋不舍、颇不情愿地放下手中的笔。以海拿着打出的材料急匆匆来到县委宣传部。满脸焦急的陈部长接过材料，一看到题目就竖起了大拇指。

"《艰苦奋斗创大业，无怨无悔写人生》，好！一看这题目，就感觉到了它的分量。是你写的？"

"不，是厂长说着我写的。"以海谦虚道。

"好！你到办公室喝水，好好休息休息，有事我叫你。"陈部长有点着急，因为其他三家的材料早就通过了，就张元开这里才刚刚见到初稿。为这，县领导们和周部长没少催他。不知因为什么，以海并没有过多担心演讲材料能不能通过，反而在沙发上睡着了。看来三天两夜加班写材料，他真的是精疲力尽困乏了，睡得特别沉。陈部长过来叫他时，他仍在沉睡。

陈部长看到这一幕，一股怜悯之情油然而生，他知道赶材料的滋味。以海跟陈部长来到部长室，县委田书记也在那里。以海心里稍微有点紧张，心想："难不成还要大改？"

没等他想下去，田书记说话了："这个演讲材料是你写的？""对。是我写的。"以海心里怦怦直跳。

"材料里面的事例和现实情况有没有出入？"田书记仍然很严肃。"也就是说，你写的这个材料中有没有虚构的成分，里面有没有夸大事实？”周部长接着问。“没有。一点没有扩大，更没有虚构，没有水分。”以海听到这话，心里踏实了。

“1958 年到 1969 年十年三次到北京接受表彰，两次受到毛主席接见，就凭这一点，张元开这个典型我们选对了。好啊！”田书记流露出笑意。

田书记和周部长来沂南工作时间不长不知道这件事，就是沂南本地的领导，基本上也没有多少人知道，毕竟这些事都已经过去几十年了。

事实上张元开还有很多鲜为人知的事情。他从来都是高调做事，低调做人，从不宣传，也从不张扬。这就是张元开一贯的做事原则。

“这件事他都不让写进去，是念给他听了后，我偷偷加上的。里面还有很多事例他平时都不让说，但都是事实。”以海好像有点扬眉吐气的感觉。

“好！实事求是就好！我们选的就是这样的人。这次开展‘致富思源、富而思进’典型事迹演讲报告会，就是要学习张元开同志不管在什么困难条件下，都能坚忍不拔、艰苦奋斗的大无畏的精神。”周部长说。

“好！很好！当然，里面一些话语的口气，还要好好斟酌修饰。”田书记表示。

“对，很多地方需要修改。比如承包大理石厂、创建第二轴承厂，这些地方一提而过就行，不要那么详细。我和田书记要开会去了，以海和陈部长好好商量一下怎么修改。”周部长说。

二人走后陈部长让以海坐下，然后说：“这个演讲材料搞得不错，张元开的事迹非常动人，非常有分量，领导听了非常满意。只是有几个地方的表述不太妥当，田书记和周部长提了出来，我用笔画了，最好把它们去掉，你看怎么样？”以海接过材料认真看了起来。

“画的这些恰恰是厂长说着我写的，这是他亲身经历的事情，也是他最心痛的回忆，如果他知道肯定不会同意。”

“那你就少去点，措辞用语上再委婉一些。”

“我看最好还是找张元开大体说一下这个情况，万一咱费劲搞了他再不同意，那样不就浪费时间了。”陈部长听了这话感觉也有道理。真要去掉那些内容，这个材料失去分量不说，对张元开也是不公平的。他要真不同意，那可真耽误事了。

“好，你回去跟张元开商量一下。还有，我可以给你们推荐演讲员，这个倒不会耽误事。”

（3）两全其美之报告

以海回去把情况轻描淡写大体说了一下，可张元开早就听出问题的实质，他当即表示：“你去和他们说，这个典型咱不当了，这算什么事，咱咋承包的，怎么干的，咱不比他们清楚呀！你不要害怕，该怎么说你就怎么说，不让讲正好，咱还不想讲呢。”

“也不全是这意思，咱就稍删掉一点，再委婉一点，其他几个地方稍做修饰通顺一点就行了。领导对您的创业事迹那可是大加赞赏、充分肯定。”以海解释说。

“你不要说了，如果让咱讲，那一个字不能去。如果删掉那些环节，那正好我们可以不必讲了。不说不想我不生气，那个时候有个别人就是不想让我干，不准有第二轴承厂，他们的态度和出发点就是不对，事情明摆着的，也是已经证明了的。现在这段历史又让少讲，这样做我实在不能接受。”

以海也陷入了两难。这可怎么办呢?

最后，还是张元开出了主意。“哎，有了，你看这样行不，你按他们说的改一份报过去，演讲时还用这份原来的，你说怎么样？”张元开提议。

以海虽然有点担心，但是还是拗不过张元开。从厂长室出来，按照他的“方法”，很快就把材料搞好了。这份材料被送至县委宣传部后，领导一下子就审阅通过了。以海别提有多高兴，心里一块悬着的石头终于落了地。

根据陈部长提供的住址，以海马不停蹄联系上了领导推荐的演讲员。女孩姓来，叫来凤霞，她在县里举办的演讲比赛活动中获过不少奖，演讲能力很强。

来凤霞相貌端庄，从以海手里接过演讲稿后，她的眼睛就一直盯着稿子看，显然已被张元开的事迹所深深打动。因为张元开想跟这位朗诵稿子的年轻人聊聊，所以以海就请她到山东沂蒙轴承厂来。直到见面的那一刻，她的全部精力仍集中在稿子上。

见到张元开后，她很开心地对张元开说道：“张厂长，我以前虽然听过您的名字，但从来没见过您。今天第一次见到，很兴奋。尤其是通过稿子，初步了解了您的一些创业故事，觉得您太厉害了！我很佩服您！能由我来朗诵您的稿子对我来说真是一件光荣的事情。”张元开和她聊了好久。

为了更好地了解山东沂蒙轴承厂，她提出要逛逛厂区。以海就陪她到生产车间，并为她一一介绍相关生产流程。

在荣誉室，她望着墙上挂着的一张张泛黄的老照片，激动地对以海说：“当我接过您给我的材料，题目一下子就把我吸引住了——《艰苦奋斗创大业，无怨无悔写人生》，这个题目很大，一般不会有人用，但能用的人，肯定不是一般人。越读我越感到张厂长的了不起，他真的不简单。实地感受一下，就愈发体会到张厂长创业时的艰辛。这样的创业故事，真真实实，演讲起来不用抒情，不用渲染，就鼓舞人心，让人振奋。”

以海道：“他经常说，人的高贵，是骨子里的高贵。”

来凤霞道：“自接过材料，我就被他的创业故事深深打动了，心情特别激动，浑身充满了一股力量。”

“好，好啊！对了，有件事我想必须和你说清楚。你手里拿的这份演讲稿，是厂长坚持要讲的，报上去的是修改过的，这两份稿子不太一样，你需要注意一下。”以海道。

全县“三德”演讲表彰会合影。中间右一为来凤霞

“您说的，我怎么有点听不懂？”来凤霞道。

“也就是说，为了把这个事办好，你要做好两手准备，过一会儿我会把那份修改过的提报上去的演讲稿给你。陈部长说领导还要听试播，这样两份稿子你都要背过。领导听试播时，你就播讲提报上去的那份，这份则作为正式演讲稿。尤其是最后一场，无论如何也要讲厂长要的这份。到那天，全县所有科、局级以上干部，县六大班子领导全部参加，而且全部坐台下，只有张元开和你在大会主席台上。”

“告诉我为什么呀？”来凤霞还是有些不明白。

“走，我把提报上去的那份材料给你，你就知道了。”以海道。

说着他们来到办公室。以海拿出了那份材料。

“就是这几个地方，领导审阅时，让婉转一点，有些事有些话就不提了。可厂长并不认为提这些有何不妥，那都是真实的情况，所以就想了这个办法。为这事，别提我多犯难了。”

“听到这话，我好像有点明白了。”来凤霞认真地对照两份演讲材料。

来凤霞把两份稿子的不同处对完以后，她说：“我完全明白老厂长的意思。

我仔细对比了一下，还是原稿写得更详细，更能充分体现张厂长为振兴沂南工业所做的努力，更能展现他不怕困难险阻、不顾个人安危、不计个人得失的优良品质。”

“好啊！其实，有很多事他都不让写。很多时候他受的委屈、他的遭遇、他的难处都无人知晓。承包大理石厂时，他差点把老命都搭上；厂子更名为第二轴承厂时，也受到百般阻挠和刁难，可他都坚持挺了过来。”以海道。

就在这时，张元开打来电话。美国通用公司派遣美籍华人胡耀谦赴华工作，他要去北京出差商榷赴德国考察轴承专用设备等事宜，山东省轴承紧固件协会的刘东福会长要和他一同前往。因此在张庄镇举办的首场演讲报告会他就不能参加了，当然他更担心的还是那两份演讲的材料，他再三交代播讲时一定要用原稿。以海让他放心，来凤霞已被他的故事深深打动，同意背诵两份稿子。

星期六下午三点，试播在县委小会议室如期举行。参加试听的县领导无不被张元开艰苦创业的动人事迹深深打动，加上来凤霞慷慨激昂、激情饱满的演讲，领导一致给出好评并决定由张元开压轴，让他最后一个演讲。第一场演讲被安排在张元开的家乡张庄镇的政府会议室礼堂举行。

（4）好评如潮引反响

2000 年 11 月 20 日上午，张庄镇政府会议室礼堂座无虚席。沂南县委、县政府在这里举办了首场“致富思源、富而思进”事迹巡回报告会。

第一个演讲的是南石门乡黑山安村党支部书记王新宝，他带领全村农民发展种植林果业，带动周围山村发展，栽植规模6000余亩，年均产樱桃40余万斤，使该地区成为临沂市最大的樱桃生产基地和销售中心，让樱桃树成了当地农民脱贫致富的“摇钱树”；第二个演讲的是苏村镇朱家庄村党支部书记朱守俊，他立足本村实际，奋力拼搏，带领全体村民于 1995 年成立了宝珠集团，把一个贫穷落后的小村变成远近闻名的富裕村；第三个演讲的是河阳乡河阳村村委主任李田余，他因种植蘑菇致富而出名，人送外号“蘑菇大王”。

第四个演讲的就是山东沂蒙轴承股份有限公司董事长张元开，他被安排最后一个压轴出场。前三个典型人物都是本人演讲，因张元开出差，由来凤霞代讲。

演讲开始后整个会场一片肃静，只有来凤霞充满感情的声音在会议室礼堂回荡着。所有参会人员无不被张元开艰苦奋斗的创业故事所深深打动。当来凤霞演讲完毕，整个礼堂内掌声经久不息。

张庄镇是张元开的家乡，人们都知道张元开是轴承厂的厂长，他开始在沂南县轴承厂任厂长，后来又在山东沂蒙轴承厂当厂长，这两个轴承厂都是在他的领导下创建发展起来的，可他艰苦创业的故事却很少有人知道。大家听了这场演讲报告，才仿佛第一次了解了张元开，了解了这个看似普普通通的小老头有多么不普通。

田书记在做报告会总结时这样说道：“为什么首场报告会安排在咱们张庄镇，就是因为这是张元开老厂长的家乡。我敢说，在没听事迹报告会之前，在座的各位都会说对张元开有些了解；但听了报告会，才知道他是如此在拼搏、在奋斗、在创业！今天，大家都受益匪浅。我们应该向他学习啊。”

张元开从北京回到厂里，就立刻感觉出与以往完全不同的气氛，职工们都用尊敬的目光望着他。因为这几天沂南县报、电视台，铺天盖地地播报巡回演讲事迹报告团的新闻专题报道。职工们利用下班时间，一波又一波自发来到他的办公室，想近距离好好看看他们熟悉而又陌生的老厂长。这是多么拼搏的人啊！如今都已经是66岁的老人了，仍像一头不知疲倦的老黄牛一样奋力工作。

最后一场演讲的地点定在县招待所大礼堂会议室。张元开提前接到县委办公室的通知，要求他当天必须参加演讲。

早上八点，演讲报告会正式开始。参加会议的人员（全县科、局级以上干部全部参加，县六大班子领导无一缺席）在主席台下前排就座，整个礼堂座无虚席。演讲的顺序和之前一样，张元开被安排在最后。

当担任主持人的县委副书记田友梅宣布，下面演讲的是山东沂蒙轴承股份有限公司董事长张元开时，张元开从一侧的会务室走上主席台中央并向大家鞠躬行礼，随后就座。接下来主持人介绍说："张元开因年龄、视力等条件限制，他的演讲稿由演讲员来凤霞同志代为宣读。"演讲员来凤霞接着从会务室走到演讲台。这时，礼堂响起一片掌声。

演讲从开始到结束，整整持续了一个小时。来凤霞用流畅优美的声音绘声绘色地讲出张元开的创业故事，时不时引来大家热烈的掌声。

张元开像一尊雕塑一样坐在主席台上，自始至终一动不动。

当张元开的事迹演讲结束时，整个礼堂响起雷鸣般的掌声。人们望着主席台上那尊"雕像"，心情极为复杂，久久不能平静。就是这么一个貌不惊人、看似平常普通的小老头，在创业路上，不管遇到什么挫折，总是以一个共产党员的姿态，咬紧牙关，奋勇拼搏，让企业从无到有、从小到大、从弱到强。

就是这一年，在参加省人代会期间，他接受《人大工作》杂志采访，其创业事迹被刊发后，在山东省引起很大反响。

2001 年春天，全省轴承行业工作会议在沂南县召开。根据大会议程安排，张元开艰苦创业的事迹又一次在行业会议上宣扬。参加会议的同志，也无不被他艰苦创业的事迹深深打动。

后来轴承行业会议多次在沂南召开。诸葛亮这位一代贤相的故里——琅琊阳都（今山东沂南南部），也被轴承界的同行们熟记。山东沂蒙轴承股份有限公司被中国轴承工业协会誉为中国轴承行业的"后起之秀"和"小巨人"

不倒翁企业，张元开也被中国轴承工业协会授予“中国轴承行业优秀企业家”称号。

02 管理秘诀聚动能

一、抓“管理”这个牛鼻子

好的企业，一定要有好的管理。论学历，张元开没上过学，他靠的是自学，他的学习能力极强。

在企业管理这门深奥的科学中，他堪称一位现代管理学大师。而他的教材，便是他为之奋斗的企业：沂南县轴承厂与山东沂蒙轴承股份有限公司。这两个企业的创办与发展，足以证明张元开出众的工作能力与卓越的领导才能。

（1）软管理塑硬效益

企业管理是一项复杂的系统工程，只有抓严、抓紧、抓细、常抓不懈才能对企业进行持久有效的管理。通过对轴承行业市场形势和企业现状进行全面认真的分析、研究、预测，张元开认为轴承行业未来的市场形势将越来越严峻，行业竞争也将越来越激烈。

为此，很早之前，张元开就及时提出要树立市场化质量观念，全面加强质量管理，以谋求企业的发展。

具体做法包括以下四个方面：

一、从思想观念入手，进行全员培训，开展质量观念工程系统教育，针对过去“基础差、底子薄、技术水平低”等实际情况，加强和树立市场化质量观念。让员工明白，生产的产品只有销向市场并得到用户认可，其劳动才有价值和效益。

二、从基础质量管理入手，全面加强质量控制体系，把好原材料采购关、进货检查验收关，严格工艺纪律，严格按操作规程和设计要求组织生产。

三、坚持质量规范化运作，既看过程，更注重效果，根据存在的问题和实际情况及时制定整改措施，狠抓落实和工序过程控制，加强操作者和质检员的责任心、压力感，使员工树立“质量第一”的思想意识，在生产工作过程中时时处处注重质量，使产品质量不断稳步提高。

四、采取多种形式、各种手段，深入贯彻开展以“质量在我心中”为内容，以“树一流意识，定一流标准，创一流品牌”为目标的主题活动，使“质量第一”的思想牢牢在全体员工头脑里扎根并落实在行动上，使企业管理工作持续有条不紊地运行，收到很好的效果。

（2）凡管理必有标准

张元开曾说过，管理就必须要有标准。有了标准，就要严格执行。以下这两个典型案例对企业家们便很有借鉴性。

有一年，针对企业浪费情况严重这一问题，张元开第一时间提出要搞“挖潜节约”，重新梳理制定消耗定额。抽调责任心强、业务工作能力棒的员工成立综合办公室，制订年度挖潜计划，将辅料消耗定额，认真开展“挖潜降耗”等活动。

以综合办牵头，生产、二级核算办、财务、设备、供应、配电、技术、质检、计量等部门联合，制定核算办法与考核标准，规定了原材物料等的使用规范和辅料电器件等以旧换新的程序，实行日统日清、月结月清，从一滴油、一滴水、一两钢材、一两煤炭、一个螺丝、一度电等小事入手，让大家明白“挖潜节约”的内涵就是从小事做起。改变过去那种日子好过了就大手大脚不在乎的行为作风，让员工自觉参与节约行动。考核标准公开、清晰、透明、规范，直接和负责人及单位职工工资挂钩。此举极大地调动了员工的积极性，生产管理中的浪费现象得到有效遏制。当年便累计挖潜节约668万元，辅料消耗同比降低18%，模具费用降低12%，电器件耗用降低9%。企业走出了一条“低成本、高效益”的良好发展道路。

现场管理，同样不可忽视。在轴承行业，锻造（红炉）车间向来“脏、乱、差、苦、险、累”，只要还在烧煤锻打加工毛坯，其内部环境就很难改变。可这个车间硬是被张元开改造成为省机械厅树立的样板车间。可想而知，为了解决这个车间的环境问题张元开下了多大的精力。

张元开先是到外地请来专家，将车间的炉灶全部改成消烟除尘锻造炉，大大改善了原来恶劣的环境。但面对“样板车间”这一荣誉，他并不满足，而是继续搞技术改造。为彻底整治车间生产环境给工人带来的身体伤害与造成的环境污染，在他牵头下企业与杭州大学建立合作关系，依托学校专家提供的电炉专业技术，又把消烟除尘锻造炉全部改换成电炉。使原来环境条件最差、职工都不愿去的车间，成为全厂员工争相抢着去的“香饽饽”。后来，该车间获得了中国轴承工业协会颁发的“现场管理文明车间”荣誉称号。

由于管理规范、分工明细、职责清晰、监督到位，张元开真正在企业中形成了“凡事有人管，凡人有事做，凡管有标准，有监督、考核”的有效闭环管理，为企业发展奠定了良好基础。这就是张元开干企业的法宝，也是该企业六十多年长兴不败的真谛所在。

（3）全力打造“零缺陷”

质量是企业的生命，从走上工作岗位的那天起，张元开就知道质量的重要性。在企业发展中，他叫响“成品零缺陷”的口号，从原材料进厂到成品出厂层层把关,实行上道工序对下道工序负责的管理制度,彻底改变了原来“松散型部门主义严重、小团体利益第一”的现象，为企业的发展打下了坚实的基础。

那是1998年，春节刚过，大年初二张元开就召集领导班子参加产品质量专题讨论会，最后做出决定：为稳固产品质量，企业动员全厂干部职工，行动起来打一场“质量歼灭战”。

他别出心裁，专门拿出100万元作为奖励资金，在全公司开展“质量信得过个人”评选活动。根据下达的质量指标，一月一评比，连续开展十轮，共评出“质量信得过个人”646人。入选者披红戴花，奖励当月兑现，并照相上光荣榜专栏，还通过公司广播、厂报大张旗鼓地进行宣传。

此举在公司营造了一个公平竞争的良好氛围，大大激发了广大职工的积极性。这一活动的深入开展使公司全体干部职工牢牢树立起牢固的产品质量意识。公司生产的汽车轴承全部达到P6X级，满足了轻型轿车及中卡、重卡汽车的需求。产品质量普遍提升了一个档次，优等品率达到78%，综合废品率下降0.3%，创全省同行业综合废品率最低纪录。公司凭借过硬的产品质量，赢得了市场与用户的信赖和赞誉。

（4）稳健化解“三角债”

时光回到20世纪八九十年代，当时曾有一个词引发了全国上下的普遍关注，这个词就是“三角债”。

货款拖欠是企业之间的经济行为，本应由企业依法解决。由国家投入信贷资金清理，实际上是将企业间的债权债务关系转移到企业与银行之间，这只能是在不得已的情况下采取的一种非常措施，容易对企业的发展造成不良影响。

山东沂蒙轴承股份有限公司在发展中也遇到了这一问题。企业盈利下降，亏损金额不断增加，应收账款与应付账款呈不断上升趋势，资金回笼难度越来越大，资金回笼周期不断延长。公司应收货款一度多达4960多万元，这给企业生产带来严重威胁。

面对这种复杂严峻的形势，张元开冷静应对。他召开专门会议，认真研究分析当前局势并制定对策。

他首先想到的就是聘请懂营销的法律专家，让专家给销售队伍和营销部门授课培训，让职工学法懂法。职工只有懂得法律，才能更好地规避这种风险，减少公司的经济损失。为使这项工作长期有效开展下去，他率先聘请了法律顾问，由法律顾问指导全厂涉及法律业务范畴的所有工作。

客户管理也是重要一环。公司根据客户情况对其进行重新梳理、筛选，对达不到最低发货额、资信能力较差的客户，及时提出要求或解除合作关系；对有能力愿意合作的客户，继续合作，予以供货。

对策中还指出，提高销售人员的积极性是“亮点”。企业就此制定措施，销售人员的工资与回收货款挂钩，货款回收及时且多，销售人员到手的提成也就越多。此举大大提升了销售人员的工作热情，既培养了他们强烈的客户需求意识，也带动了他们回收货款的积极性。

由于采取措施及时稳妥，一度困扰企业生产经营的“三角债”问题得以解决处理，公司损失也被降到最低。更重要的是，企业因此懂得了依法管理的重要性，学会了运用法律手段维护企业的合法权益。

（5）认证标准打基础

要想企业走出国门，将产品打入国际市场，就必须要有过硬的产品质量。

如何保证产品质量，是摆在每一个企业面前的实际问题。

20世纪90年代中期，张元开从中国轴承工业协会会长杨乃燕那里了解到，ISO9002:1994体系标准以全面满足顾客需求为宗旨，规定了买卖双方的权利和义务。企业只有牢牢把握这一宗旨，以顾客需求为中心，生产出适销对路的过硬产品才能真正赢得市场。

那么怎样才能通过这个标准体系验证呢？带着这个问题，张元开来到一家认证机构咨询。接待他的男子看他都这个年龄了，而且衣着普通，不像一个企业领导人，以为他走错门了。可张元开一本正经地说："我是一家轴承企业的经理。我听朋友说，现在有一套ISO9002:1994体系标准，它是提高企业基础管理最好的举措和工具。你们能详细给我介绍一下吗？如果可行，我想请你们来做。"

对方听后，不敢怠慢，将张元开请到会议室，详细地为他介绍这套体系标准的相关内容。通过对方的讲解，张元开对ISO9002:1994体系标准有了以下几点认识。

第一，它适应公司完善质量管理的需要；第二，它体现了预防为主的指导思想，特别强调过程控制；第三，它能够确保公司质量管理规范化、质量活动程序化，实现了工作有章可循、有章必循；第四，它建立了一套自我完善机制，通过公司内部审核和认证公司的评审，使公司实现持续发展；第五，它吸取了世界上许多公司质量管理和质量实践的精华，能有效提高公司的市场适应能力。

也正是从这时起，张元开对这套国际质量管理体系标准认证有了深刻的认识。他当机立断，企业应立刻推行这套标准体系。

当认证机构来公司进行内审员培训的时候，张元开才知道要审核验收成功那是非常不容易的。用认证机构的原话说："不掉几斤肉、脱几层皮是不可能的。”

然而，张元开并没有被吓倒，更没有被难倒。从第一堂培训课开始到培训结束他一直坚持听课学习。在他的感召下，全厂干部职工齐心协力、拼搏奋战。半年后，企业顺利通过中国进出口商品质量认证中心认证审核。

根据需要，企业先后又推行实施了 QS9000-1994、ISO/TS16949:2002 国际质量管理体系标准认证，为产品走出国门、打入国际市场打下了坚实的基础。

（6）求才若渴寻名家

在成本管理上，张元开在企业推行全方位、全过程的成本控制体系，按照二级核算将成本中的费用等指标层层细化分解到车间、班组和个人，把企业中每个员工的责权利与企业效益紧密地联系起来；并努力降低能源、原材料、辅料消耗，成立原材料、辅料消耗考核办公室。办公室派专人对辅料进行跟踪考核，定人定机，考核结果一天一汇总公布；半年后，重新制定辅料消耗定额。仅此几项举措，就节省了一大笔资金。

但还有一件事情一直在困扰着张元开，那就是毛坯锻件“肥头大耳”难题。针对这个难题，张元开多次组织设计、技术等部门研究、分析、论证其原因并反复试验，却一直解决不了。毛坯锻件“肥头大耳”难题不但造成了原材料浪费，更给下道工序带来加工难度。这件事一直困扰着张元开，也成了他的一块心病。就在这时候，他又想起洛阳轴承研究所，决定再次前往洛阳“取经”。来到研究所后，研究所领导给他推荐了刚办完退休手续的锻造专家方明岸。

本来方明岸要去南方的一家企业，那里离他的老家也近，可张元开听到这个消息，哪肯放过，他专程到方明岸家拜访，将企业情况作了详细介绍，并一再恳求方明岸来沂蒙山老区帮扶企业工作。方明岸被他求才若渴的态度深深打动了，随他一同来到企业，而且一待就是两年多。

在方明岸的精心指导帮助下，经过反复实践，终于彻底解决了毛坯锻件“肥头大耳”这一难题。在原来基础上，每件平均下降五丝，一年下来，节约原材料轴承钢材500余吨，降耗200多万元。

一个多年解决不了的“老大难”问题被根治，企业由此大大降低了成本费用，提高了产品质量，赢得了市场先机。企业生产的“沂蒙”牌产品被评为“山东省名牌产品”，“沂蒙”商标被评为“山东省著名商标”。

二、重“人才”这个软实力

作为领导者应善于用人所长，破除论资排辈、平衡照顾的观念，着重人力资源的整体开发，把预测和规划、培养和使用、配置和管理结合起来，建立公平竞争、优胜劣汰的用人机制，做到“以人为本、人尽其才”。大凡综合竞争能力强、发展速度快的优秀企业，一定会有一个领导人，能够坚守以人为本的发展观，让劳动力和人才发挥最佳状态并处于最佳位置。

（1）倡导“能者上，庸者下”

多年来，张元开对他的员工是有一套标准要求的。在他的要求下所有入职员工都要经过严格的培训程序，考核通过后方能上岗工作。张元开知人善任、用才有道，那是远近闻名的。两次创业，他都能建立起一套有效的用人激励机制，为员工提供一个公平竞争的平台。

为了更好地发挥员工的潜能，做到人尽其才，张元开在企业建立了一套“能者上，庸者下，以人为本，任人唯贤”的用人机制。他经常说，很多企业不仅缺乏人才，更缺乏造就人才的机制，所以要用感情留人、用事业留人、用待遇留人，形成人才辈出的企业培养与管理机制，为人才成长创造一个良好的环境。

早些年，大学生到企业工作的很少，面对这种状况，张元开创新地实施了很多策略。一是高薪聘请、破格录用有才学的人；二是走自己办学培养人才的路子。在职 50 多年，在他的带领下，企业共办学八届，大专、中专（工读）10 个班，毕业学员累计 450 余人，为企业培养了一大批专业人才。这些人才在各个工作岗位上都发挥着重要作用，为企业的长远发展打下了基础。

在张元开看来，很多企业并不是没有人才，而是没人发现人才的可用之处，用人还是要取其所长。

20 世纪 90 年代末，张元开将退休的洛阳轴承研究所原所长徐学当聘为企业总顾问，并从该所聘请锻造、热处理、金属材料等方面的高工专家赵传国、王中玉、方明岸等人。

在与他们的交流中，张元开了解到企业里许多承担管理职能的一线主管，大多只发挥了“技术能手”的作用，而没有发挥“一线教练”的作用，没能带出一支出色的团队。针对这一实际情况，张元开带领企业领导班子制定了多种措施：不断加强对一线主管的培训；不断提升对一线主管的测评，对有发展潜力的一线主管，让其发光发彩；对不能通过测评的一线主管，则果断取消聘用。

（2）为临时工缴保险

那是 20 世纪 90 年代初，当时国家对企业劳动用工的管理非常严格，除了干部身份的工人（学生）、固定工、城镇合同制职工、亦工亦农（农民合同制），就是计划内临时工和季节工，若企业用工未经劳动部门批准就是违法用工，是绝对不允许的。

然而，那个时候国家还没推行社会养老金制度，计划内临时工、季节工哪怕干到法定退休年龄也不能领取退休金。这部分人可以说无权享有这种普惠制的社会福利，不能得到最基本的退休生活方面的养老保障。而在当时，企业这部分人占了很大比例。他们为企业干了一辈子，如果拿不到养老金，那确实有些遗憾。张元开一直在思考这件事，他想找出一个好的解决方法。经过认真研究分析，他终于想出一个好点子。

他去县民政局找王玉坤局长，决定给这些人购买保险，让他们到法定年龄可以办理退休。当然，他们与企业退休工人不在一个序列渠道上。王玉坤听了张元开的想法，立刻汇报给县政府。县领导听了非常重视，责成县人大常委会副主任王维农到企业调研。

县里的各家保险公司听到消息后，立马去找县领导和张元开，争相承接这项新的保险业务。最后经县领导协调，决定由民政局承办这项业务。

企业为此制定了保险缴纳条款。条款规定，职工每人每月交 20 元，企业每月为每位职工交 30 元。员工退休后，根据缴费年限和缴费情况按月发放保险生活金。虽说金额不如企业正式退休员工，但至少基本的生活需要可以得到满足和保证。这就是张元开为解除企业临时工后顾之忧做出的惠民举措。这在当时是一件轰动全县的大事。

县人大常委会副主任王维农在动员观摩大会讲话中动情地说道："张元开厂长想职工所想，忧职工所忧，情为职工所系，利为职工所谋。始终把职工的后顾之忧放在心上。有这样的厂长，企业想不兴旺都难呐！"

张元开的一颗爱心，换来了职工爱岗敬业、以厂为家的真心。职工个个拼命工作，企业效益连年增长，企业发展得红红火火。

（3）"不合理"的合理法

在刚开始实行缴纳社会养老保险金那会儿，很多企业认识不足，有些企业存在抵触情绪，也有些企业以种种理由为借口拒绝缴纳。县政府召开全县企业社会养老保险金缴纳工作专题会议时，想到的第一个人就是张元开。别看他的年龄大，但思想认识到位，加上所在企业规模大，有代表性和影响力，便让他在会上做表态发言。由他发言既有说服力，更有带动力。张元开知道这是件好事，对此一向淡泊名利的他从不推辞。

因此县里很多会议总免不了让他做典型发言，现场观摩、座谈更是少不了他，他也每次都能起到表率作用。当然，也有例外的时候。那是2000年全国搞“致富思源、富而思进”事迹报告会时，县委、县政府决定由他担任全县工业系统唯一典型并做巡回事迹报告，他坚决推辞、拒不接受。尽管后来他还是当了这个典型人物代表，但那是因为县委、县政府下达了最后通牒，他不得不接受这个政治任务。

说起当时企业缴纳职工社会养老保险金这项工作，上边制定的政策都非常科学合理，很人性化，可企业执行起来往往就走了样。缴纳养老金有明确规定，要求按个人实际收入，也就是核定的企业职工工资总额，企业与个人分别缴纳一定比例。但在当时，没有多少企业照办，一是负担重交不起，二是嫌麻烦。所以大多企业都取最低基数，老少平均一个标准缴纳。这是极不明智的，也是很不合理，甚至是非常不好的做法。

虽说山东沂蒙轴承股份有限公司是当地企业中率先缴纳职工社会养老保险金的，但它也是统一按最低基数缴纳的，老少平均，根本显不出多劳多得。

张元开了解这一情况后，马上组织有关人员开会，看能不能别出心裁，制定一个既不与上边政策规定矛盾冲突，又适用于企业实际情况的缴纳办法。会后他把这项任务交给了人事科。

经过一个多月的时间，人事科结合企业实际，终于拿出了一个不成文的“养老金缴纳办法”。张元开看了，拍手叫好。他说：“好！太好了！这就是别出心裁的好法子，咱就按这个来，这样就都能照顾到了。”

这个让张元开叫好的土法子就是：养老金标准由本人收入、参加工作时间、年龄、职务以及以前获得的县级（含县级）以上各种荣誉这五部分构成。按比例得出的总和就是职工缴纳养老金的数值，也就是基数。

这样的好处是，职工收入高，养老金缴纳的肯定就多；而参加工作早的职工，企业也能照顾到；更重要的是，就算员工的年龄大，企业也能照顾到。而员工如果获得了荣誉，也能就此得到实惠。所以召开职工大会表决时，全体职工一致表决通过这个新的养老金缴纳办法。

作为一个企业厂长能考虑得这么全面，充分说明他心里装着职工。他们这种别出心裁的办法，不胫而走，好多企业都来取经学习。后来劳动局知道了，就来企业调查。当时劳保事业处、劳动监察部门的相关人员都来了。他们对张元开说：“这还了得，不按劳动法规，你们自己制定，这有悖《国务院关于企业职工养老保险制度改革的决定》。”可等张元开把这一土法子讲解清楚，拿出台账，他们就笑着走了。因为在沂南缴纳职工社会养老保险金的企业中，按这个土法子缴纳的基数算是比较高的。企业后来按照这个土法子连续缴纳了十几年。

这就是张元开根据他对一些新生事物、新政策、新法规的理解，做出的一些别出心裁的尝试。

在刚刚实施统筹企业缴纳养老金时，县政府及县劳动部门为了提高企业的缴纳积极性，对当年完成这项工作的企业实行奖励政策，按照一定的比例奖励厂长、分管厂长和人事科长，那时候山东沂蒙轴承股份有限公司每年都能受到奖励，但这笔奖金他们一分不要，全都交给了企业。

张元开对分管厂长和人事科长说：“这是我们的职责，是我们应该干的工作。县政府及县劳动部门这样做，是为了调动激发企业缴纳养老保险金的积极性，我们都能够理解。但这些奖金如果进了我们几个人的腰包，那是不合乎情理的，因为我们都有工资收入，这对职工、对其他领导也不公平，会造成不好的影响。”

三、一诺千金必守信

张元开是个一诺千金的人。他常说：“工厂制造产品，心灵创造品牌。”诚信与品牌唇齿相依，诚信是品牌的基础，品牌是诚信的体现。

张元开从创业伊始，就把客户放在心里，凡事为他们着想，自始至终信守“客户就是上帝”这一经营理念。他坚信今后的市场一定是信用市场，对企业来说，信用格外重要。

以前，都是产品生产出来，工人再去找客户。这也是很多厂家惯有的做法，其实这样做是消极被动的。张元开敢于打破固有观念，他制定措施，让研发人员、销售人员根据市场信息和客户需求制造生产设备，研发客户急需的产品，这种做法不但让产品顺利打入市场，也赢得了客户的信赖。当一些客户知道这一消息后，纷纷上门拜访并签订产品研发生产购销合同。

山东沂蒙轴承股份有限公司在生产经营中始终本着互惠互利、共同发展的双赢原则，不断完善经营策略，不断推出售后服务措施，受到配套单位的一致好评，赢得了客户的口碑。当很多企业生产处于饱和状态，产品滞销，销售市场疲软萧条的时候，他们生产的产品市场占有率有增无减，公司仍保持良好的经营态势。

山东沂蒙轴承股份有限公司为一汽解放、二汽东风、中国重汽、北汽福田、沈阳汽车车桥厂、陕西汉德、青岛青特、重庆上汽红岩、重庆长安、安徽安凯、徐州美驰等国内各大汽车厂家实现主机厂配套，并成为美国铁姆肯公司在中国的业务合作伙伴。公司产品远销美国、南非、韩国、蒙古、东欧、中东等国家和地区。

山东沂蒙轴承股份有限公司先后被授予“优秀配套企业”“协作配套十佳单位”“配套质量优胜单位”“优秀配套奖”“质量信誉等级证书A级”等荣誉称号或奖项。

四、学无止境存高远

有两件事跟随了张元开一辈子，一件是学习，一件是管理。他常说：“不学习就是选择落后，就会被淘汰；不懂管理，不会管理，就做不好或者做不成企业。”

张元开的学历很低，但他的学习和理解能力十分惊人。他讲话很少用稿。一般文章，他都能读得非常流畅并理解得十分到位，这都是他努力学习的结果。

他精通轴承制造，讲起轴承的结构、性能、质量、用途，头头是道。由于在轴承领域的特殊贡献，1993年10月，他被中国轴承工业协会选为第二届技术委员会副主任。在这个岗位上，他尽职尽责，充分利用到企业学习考察的机会，尽力提升自己的专业技术。

1997年10月，他到重庆一家轴承厂和一家滚子厂考察学习。这两家企业在业内都小有名气，但都采取封闭式管理，一般人没有参观学习的机会。因为张元开是中国轴承工业协会技术委员会副主任，企业相关负责人不但让张元开参观视察，还派专人为其讲解。那次经历让他眼界大开，他很快将企业的磨加工单机设备全部换成全自动连套生产线。此举不但提高了企业的生产能力，也大大提升了产品的质量。

这样的例子不胜枚举，张元开就是这样靠他的勤学钻研和聪明才智将企业一步步做大的。

他不仅自己爱好学习，还鼓励员工学习。他鼓励科室人员到一线岗位轮岗学习，让他们成为懂技术、懂经营、会管理的全能型人才。

在他的大力推动下，公司采取了以下一系列举措：成立职工学习教育委员会，专门负责职工的培训；不惜代价腾出厂房并将之改造为 15 间教室以便于进行员工培训；购买机械制造等各类专业书籍；聘请专家教授，不定时对员工进行培训；将员工培训纳入企业规范化管理之中。

这些举措都收到了良好效果，在企业中树立了人人争相学习的良好氛围，为企业的稳步发展打下了坚实的基础。

03 企业文化塑灵魂

一、别具一格谋创新

有人说，企业家要扮演好六种角色：企业战略的执行者、企业文化的传承者、企业变革的推行者、沟通平台的构建者、管理效益的承载者、团队力量的凝聚者。在50多年的艰苦创业中，张元开创建了很多独特的企业文化，这是非常值得其他企业家学习和借鉴的。

（1）别出心裁请策划

1992年6月14日是中国轴承最高权威机构——国家机电部洛阳轴承研究所与山东沂蒙轴承厂科研生产联合体挂牌的日子，为了让人们懂得洛阳轴承研究所到底权威在哪儿，以及沂蒙轴承的产品到底是做什么用的，张元开别出心裁，提前两个月到济南请来策划师、设计师，并请来沂南最优秀的画家。当他把自己的设想告诉他们时，他们纷纷跷起大拇指，连连称赞张元开的创意实在是太独特了。

他的想法是：由策划师、设计师策划设计出一个长约8米、宽约3米、高约1米的特大模型，模型绘制成火箭与轴承相融合的式样。模型前面书写8个大字：沂蒙轴承，科技领先。飞船两边书写14个大字：科研生产结硕果，联合一体谱新篇。

耗时50多天，这个特大模型终于制作完成了。当这个“庞然大物”准备上路试运行的时候，全厂干部职工沸腾了，他们都知道厂长请来了专家，但没想到他们能搞出这么个设计超前的模型。“超前、视觉冲击力强”是这个模型最大的特色。

联合体挂牌的那天，张元开从企业中挑选出8位形象气质比较好的员工作为企业的形象宣传员，男员工身着西装，女员工身着旗袍。鲜红的绶带斜肩披挂在他们身上，上面写着“热烈祝贺机电部洛轴所与山东沂蒙轴承厂科研生产联合体的诞生”。

锣鼓手们敲着直径1.5米的大鼓，高音喇叭里播放着由当时沂南县电视台著名播音员岳增芳和张昌玉携手录制的关于国家机电部洛轴所与山东沂蒙轴承厂科研生产联合体诞生的简介。剪彩仪式热闹非凡。

当时模型展演规划的路线是，先从企业驻地张庄镇到沂南县，再从沂南县到临沂市。因模型太过闪亮，还没出张庄镇就引来众多人围观，办公室主任以海立马把这个消息反馈给张元开。张元开表示：“这次宣传活动，在本县范围内还可以控制，到了临沂肯定不行。人们看到这个庞然大物，一定会驻足围观，势必造成交通拥堵。”

张元开针对这个情况立马向县领导做了汇报，县领导当即安排县交通局出警协助本次宣传活动。尽管如此，到了临沂，还是多次引起群众围观，造成人流拥挤，阻碍了交通。幸好县交通局的领导提前将这一情况汇报给市交通局，在当地交警的指挥疏导下，才圆满完成了预定的展演计划。正是这次宣传活动，让临沂市的广大市民进一步了解了山东沂蒙轴承厂和张元开。

（2）点石成金就是它

在张元开看来，企业文化要以人为本，只有尊重人的感情，才能在企业中营造团结友爱、互相信任的和谐气氛，才能使企业职工之间形成强大的凝聚力和向心力。

那是 1988 年 10 月，不甘沉默的张元开，冒着身败名裂的风险，毅然决然地选择承包因管理不善而亏损 75 万元的大理石厂，开始了他那艰难的二次创业历程。

如何让企业重新焕发生机？张元开的法宝就是重塑企业文化。

在他的领导下，各种措施大刀阔斧地开始实行：厂内开展了一系列教育宣传活动，使原本涣散的职工队伍树起了“厂兴我荣，厂衰我耻”的思想；形成制度规定，每月、每季度、每半年以及每年年终都要开总结会，对好人好事、取得的成绩与好的经验，及时进行表彰奖励和总结推广；对发现的问题、存在的缺点与不足，要及时解决和批评教育。很快，企业的发展就步入了正轨。

在张元开任职期间，企业红红火火、兴旺发达，这股神奇的力量就是企业文化。用张元开的话说，企业文化就是职工的精神食粮，是企业的生命。

（3）三个和尚没水吃

那是 20 世纪 90 年代初期，当时社会上出现了“下岗潮”。面对严峻的现实，张元开并不急于做出决定，而是陷入苦思冥想之中。他考虑最多的，不是减人增效，而是借这次改革的机会，让职工明白，作为一名工人，没有先进的文化知识和过硬的业务本领，早晚会被淘汰。只有建立合理的用人机制，促进职工队伍素质的全面提高，企业才能持久发展并长盛不衰。为此，他大刀阔斧进行了以下一系列改革措施：

一是开展一系列学习教育活动，让职工明白，只有不停地学习，有了过硬的本领，成为一个合格的工人，才不会有下岗的风险；

20 世纪 90 年代初期，山东沂蒙轴承厂厂区一角

二是采取竞争上岗制，开展绩效考核，彻底消除职工无论干多干少、干好干坏一个样的“吃大锅饭”心态，让职工明白，只有多劳才能多得；

三是通过寓言警示大家。张元开别出心裁，找人将“三个和尚没水吃”的寓言故事刻成一尊雕塑，放在最显眼的办公楼前。当职工看到这一尊雕塑，就能明白厂长的良苦用心。

职工为了不被淘汰，个个拼命学习。全厂掀起了一股认真学习业务知识的浪潮。人人苦练操作技能，个个拼命工作，争当合格工人。就在这一年，企业利税总额居全县第三位，受到县委、县政府的表彰奖励，还被评为“市机械工业系统利税大户”“省机械工业系统 50 强企业”。

当很多企业经济效益下滑，停产或半停产，职工“停薪留职”“厂内待业”时，山东沂蒙轴承厂不仅没有一个职工下岗，经济效益还连年增长。至 2000 年，山东沂蒙轴承厂连续 13 年位居全县十大利税企业之列，并成为全县第一利税大户。

一时间这成为一个“不解之谜”。许多人来企业参观考察，学习取经。当他们看到“三个和尚没水吃”的雕塑时，大家豁然贯通——原来张元开不但是一个企业家，更是一个企业文化师。后来中国轴承工业协会会长杨乃燕说：“张元开是一个没文化的文化人，他倡导创建的企业文化，有特色，更有特点。”

（4）联合文艺宣传队

那是 1997 年，国庆节刚过，张元开就在筹划一件事儿。其实，为这事他已经思考很久了。因为他发现，这些年来社会上出现了一些怪象，街头巷尾、广场、商店等无不充斥着庆祝外国人的洋节日的活动，崇洋媚外的现象实在太严重了。“是该好好弘扬我们的民族文化了。”

一个礼拜日的早上，张元开一到办公室，就迫不及待地把电话打到邹立祥家。问他是否有空，若有空的话能否来一下，有事儿需要找他商量。

邹立祥是张庄镇文化站站长。他自幼酷爱文化艺术，从事乡镇文化工作40余年，先后创作演出文艺作品400余件。其作品多次参加省、市文艺汇演，获得不少奖项。

当邹立祥来到张元开办公室的时候，还没落座，清香的茶水已经递到了他的手上。这令邹立祥感到无比的亲切，一股暖流涌遍他的全身。这是张元开的一贯作风，不管谁来找他，他都是以礼相待。

张元开告诉邹立祥，他想与张庄镇文化站联合成立一支200多个人的文艺宣传队。

“这事我想听听邹站长的意见。”

“您说的这事太好了，这是我万万没有想到的事。在这个时候，重新拾起，真的太好，太有现实意义和深远影响了。不过……”显然邹立祥还是想实事求是地把自己的想法说出来。

“你不要有顾虑，心里怎么想的就说出来。”

“要说这200多人的演出队伍，阵势可不小，光道具和服装的费用就不是个小数目，再加上……”邹立祥心里还是没有底气。

“这个你尽管放心。场所咱有大专学校，吃喝有食堂，道具服装都有现成的，演出有车队。现在需要你具体统计一下，缺多少服装，款项由企业来出。至于演出人员，企业可以挑选100人，剩余的100人需要由你来挑选。你看怎么样？”

1992 年，坐落在办公楼前方的“三个和尚没水吃”的雕塑。企业搬迁后该雕塑被放到新园区内，仍提醒职工要勇于进取

邹立祥听到这里，本来还想再说些什么，可他见张元开的意向很坚决，就不好意思再说了。

“我知道，你考虑的不是没有道理，别的不说，光找这 100 多号人，就是个问题。因为不挣钱不说，还要往里搭工夫。你先回去考虑考虑，好好合计合计，毕竟这是个大事。”张元开认真地说。

“不，既然您把话都说到这儿了，我什么也没的说。按说这是我的职责，也是我分内的事，可我就是想搞，也搞不动，也搞不起来。我没想到在这个时候，您还能想起来搞个宣传队。我一切听从您的安排，服从命令听指挥，保证坚决完成您交给的这项艰巨而又光荣的任务。”

“我相信你有这个能力。当然，这是件大事，你的任务很重，担子不轻，压力也不小。为了把这事搞好，我把厂里负责装裱字画的侯景岩老师抽调出来，让他配合你的工作。”

“太好了，您想得太周到了，有侯老师我就放心了，他可是个能人。”

“这次文艺宣传活动，由你任总指挥，侯老师毕竟年龄大了，给你当个参谋长做个副手，一些具体事务就找办公室的以海，你看怎么样？”

“太好了！您想得太周到了！”

邹立祥刚离开，张元开就让以海把侯景岩和企业文艺骨干薛克同接来，商讨这项工作该如何进行下一步安排。

邹立祥回到家里后，越想越感到责任重大，事不宜迟，第二天星期一一上班，他立即就此事向镇领导作了详细汇报。没想到的是，镇领导表示这是一件大好事，镇里将全力支持；尽管镇里财政紧张，拿不出经费，但需要用人可以抽调；镇领导还明确表示这件事情一定要办好。邹立祥听了，做这件事的劲头儿就更大了。

在众人的筹备下，一支以邹立祥为主的文艺宣传队伍很快就组建起来了。还剩下道具服装需要购置，邹立祥和侯景岩就带着企业拨出的一部分资金专程前往潍坊购置演出队的行头。等行头置办完毕最后结账时，还差1100多元。幸亏临来时，邹立祥和侯景岩留了一手，自己又多备了些钱，总算没耽误事。

司机回来后把这件事跟以海说了，以海要把这1100元钱补给邹立祥和侯景岩，他俩拒不接受，表示这是为这次演出活动表示点心意，做点小贡献。后来，张元开再次找到他俩，表示当时就说好了，服装费用全部由企业承担，不能让他俩额外补上。但他俩还是拒不接受，表示能为演出队做点贡献，自己很高兴。可见他俩是多么热爱这次活动，当然，他们这样做也是出于对张元开的敬佩和支持。

接下来，紧张的排练工作就开始了。大家白天都有自己的工作，只能利用工作日的晚上和周末等休息时间进行排练。但大家没有一个叫苦喊累的，而是心往一处想，劲往一处使。在总导演邹立祥、艺术指导侯景岩、顾问张元开等人的指导下，经过三个多月的排练，这支演出队伍终于迎来了首场表演。

张庄镇领导和张元开商量后将首场演出地点敲定在张庄镇桥头广场。消息传开后，张庄中学和张庄中心小学的领导首先报名让学生参观演出。他们的理由非常明确，像这样带有传统民间艺术元素的表演活动现在已经很少了，中小学生很有必要欣赏一下。附近村庄的百姓也早早来到广场，整个广场被围得水泄不通，后来为了安全起见，镇领导通知张庄派出所干警及联防队员到现场维护秩序，直到演出完毕，整个现场秩序都维持得非常好。演出效果也非常好，每到表演高潮处，观众都鼓掌叫好。

这不，演出还没结束，张庄镇和庄村的党支部书记王金法就向演出队发出邀请，一定要演出队去他们村表演一下。

和庄村位于沂南县城西南三公里处的“三角山”下，坐落在汶河岸边。全村共有 810 户人家，2100 多口人。接到邀请后，文艺宣传队全体成员都感到十分高兴，因为这既是对他们劳动付出的肯定，也是对文艺表演水平的认可。接下来，文艺宣传队还接到了张庄镇上峪村、老君炉小村的演出邀请。

在张庄镇几个村子成功完成演出以后，文艺宣传队的名声越来越大，也越来越响了。县委宣传部、县电视台等都对其作了报道，张元开又一次成了“焦点”。当时在沂南的街头巷尾，大家都对张元开的行为表示赞许。因为这支文艺宣传队不含一点儿商业性质，而是用群众喜闻乐见的形式，让广大群众尤其是青少年，对民间传统文化艺术，有了更进一步的认识和了解。

县委书记黄宜全来企业调研时，谈到该项活动，对其给予了高度评价：“像这样广大群众喜闻乐见的娱乐活动，值得传承与弘扬！”县委副书记、王县长对该活动也非常重视与支持，向张元开道：“春节时，可以拉到县城，亮亮这支庞大的宣传队伍，既活跃春节的城市氛围，又增加节日祥和气息，一定深受大家喜欢！”张元开听了，开心地表示：“谢谢王县长，我们抓紧排练，争取大年初一进城表演！”

当邹立祥和侯景岩听到县委黄书记和王县长都那么重视这支文艺宣传队，并要求文艺宣传队进县城表演时，他们既高兴，也感到了身上的责任和压力。毕竟县城的观众更多，而且艺术欣赏水平也更高，没两下子就随便去县城表演，岂不让人笑话？

沂蒙轴承厂和张庄镇联合文艺宣传队在张庄镇驻地桥头广场演出时的现场一角

为了搞好这次活动，邹立祥和侯景岩两位老师加大了排演练习力度，延长了排练时间。每天演出队都要排练到晚上十点，有时候甚至要排练到晚上十一点。因为这次的演出从历山路南首沂蒙玻璃厂开始，文艺宣传队要一直跑到人民路县委、县政府，全程十几里路，演出时长近三个小时。这可是个力气活，考验的是大家的真本事，没耐力、毅力和吃苦精神，那是根本完不成这次演出任务的。

为了这次演出，文艺宣传队队员们个个精神饱满、劲头十足。农历腊月二十九日晚上十点，文艺宣传队结束了最后一场排练。在整个排练过程中，没有一个人叫苦叫累、因事请假，大家都只有一个愿望——把这次演出演好。这令邹立祥和侯景岩非常感动，虽然队员们没有分文报酬，但大家都积极努力、甘于付出、乐于奉献。

1998 年 1 月 28 日正是农历大年初一，这天天气出奇的晴朗，尽管还没有立春，但已经能感觉到春的气息了。真是应了那句话："人勤春来早，奋蹄赶秋时。"

早上7点，大家准时来到集合地点，就餐完毕后，开始做准备工作。8点40分，演出人员全部换上演出服装。只见彩旗招展、锣鼓喧天，一支浩浩荡荡的演出队伍就这样从山东沂蒙轴承厂出发了。整个队伍共230余人，还有16辆彩车。65岁的张元开亲自带队，他和宣传队伍一道，代表山东沂蒙轴承厂全体干部员工向全县人民拜年了！

文艺宣传队来到县人民路。张元开亲自带队，县领导以及有关部门领导亲临现场

当车队来到沂南县城历山路南首沂蒙玻璃厂时，县里的相关领导、媒体记者已经早早在那里等候了。接下来，按照审批的路线，由县有关部门领导陪同，县交通干警带路，这支200多人的宣传队开始向全县人民进行“汇报表演”。表演了传统民间艺术节目舞龙、舞狮、毛驴、旱船、高跷、杂耍，秧歌等。

沂南县历山路是县城中最宽敞的一条马路，因为春节的缘故道路两边到处挂满了彩灯，节日气氛浓厚。路两边的观众早翘首以盼，等待着这支演出队伍的到来。这时，铿锵有力的锣鼓声响起，演出队来了！

领头的是两条锦色长龙，它们在不断地翻腾起舞。演出者们穿着艳丽的黄色对襟衣、灯笼裤，腰扎红色绸带，头裹黄巾，兴高采烈地舞动着高举的舞龙杆，犹如蛟龙出海。惊险逗趣的舞狮表演，赢得一阵阵喝彩。踩高跷这项舞蹈表演也精彩出色。划旱船的更不示弱，一对对旱船如同在水上漂浮一般，手持“船桨”的老汉在前面像醉翁一样扭来舞去，船里那水灵灵的漂亮“大姑娘”忸怩作态，似舞似扭，真叫人啼笑皆非。赶毛驴的更是生动有趣。最后还有令人眼花缭乱的秧歌队，婀娜多姿、美丽动人的姑娘们，身着红装，手舞黄绸，舞起来潇洒飘逸。

1998 年农历正月初一，张庄镇山东沂蒙轴承厂文艺演出队，刚来到沂南县城历山路南首，便看到县里领导在那里等候。张元开向领导接洽汇报（背对穿灰色羽绒服的是张元开）

文艺宣传队顺着人民路一路向东，一路舞蹈，一路喝彩，给围观者带来无穷的欢乐。很多少年儿童跟着表演的长龙，就是看不够，爸妈叫也叫不走，一直看到结束才恋恋不舍地离开；一对 80 多岁的老夫妇跟着表演队伍愣是走了二里多路，还没看过瘾，被儿子儿媳好说歹说才拦了下来。

据县委宣传部负责同志说，多少年来县里都没有这么热闹的民间艺术表演了。是张元开对传统文化的执念，加上张庄镇文化站站长邹立祥的精心组织，以及文艺宣传队队员们的无私付出，才给县城广大市民献上了一场久违的民间艺术表演大餐。

二、企业档案创先进

20 世纪七八十年代，张元开在担任沂南县轴承厂厂长时，就把企业档案馆建成一流的档案馆，使之成为临沂许多企业参观学习的样板，并因此多次受到上级业务主管部门的表彰。二次创业仅用了七年时间，他就将企业建成“省级先进企业档案先进目标管理”单位。

（1）啃“硬骨头”谋超越

1992年春天，是张元开二次创业的第四个年头，这天他把以海叫到办公室，说这些年只顾抓生产搞经营，没有把建档及档案管理工作纳入企业整体发展规划中，这是一个严重的失误。

当时的情况的确是各管各的。人事、劳动、工资等方面由办公室管理；财务账册、报表、凭证和文件等由财务部管理；设备管理在动力部；计划统计管理在生产部；质量计量管理在检查计量中心；研发管理在技术部；物资、原材料采购、库存保管、供应和工具管理等在采购部；基建工程、设计图纸管理等在行政部；团委、工会、党建等都各自为政，各管各的。

2003年农历正月初一，山东沂蒙轴承股份有限公司文艺宣传队进城演出

“这不仅是企业管理很不规范的表现，而且存在很大的漏洞，长此以往，很可能造成不必要的损失。今后，企业档案一定要坚持集中统一管理原则。”张元开给以海两个月的时间，让他负责把全厂所有档案都按照要求统一归档建档。

说实话当时办公室工作很忙，本来就人少事多，如今又摊上这么个任务，以海心中多少有点焦急。因为他知道，搞创建档案工作，也不是加加班来个突击就能搞好建成的，它是一个技术性要求很高的系统工程，并且他们还面临一个最大的困难——张元开二次创业时连一张白纸都没带出来，人事、财务、劳动等所有资料全部在原单位。

以海把这些困难都跟张元开提了，但他下了死命令：“不搞不行，搞不好还不行。”

以海陷入了困境。他左思右想，就去县档案局找了高局长。局长听明白他的来意后，说：“这不仅要看你们企业需要归档的资料有多少，工作量的大小，关键还看你们要达成什么样的目标和标准。”

“目标和标准？”以海当时其实并不清楚这项工作包含的具体事务。

“对呀，企业档案是企业在各项活动中形成的全部档案的总和。其构成是以科学技术档案为主体，包括计划统计、经营销售、物资供应、财务管理、劳动工资、教育卫生和党政工团工作等方面的档案。《国营企业档案管理暂行规定》提出了企业开展档案工作的体制和制度要求，也提出了档案工作业务、档案管理、档案工作设施设备配置等方面的要求与规范。不是你们想的那么简单，那是很严格的。”

“我们建立档案，当然就要建成最高标准的。”以海主任附和着说。

“企业应根据规模和管理模式设置专门的档案机构，或指定负责档案工作的机构。大型企业应设立档案馆。根据目前情况，档案工作目标管理分县级、市级、省级这几个等级标准，当然还有国家级。但作为县里企业，能达到省级标准那就很好了。像你们企业，又是初次搞，能达到县级验收标准那就很了不得了。就这样，别说两个月，再加两个月，这还包括档案局至少派四个精兵强将协助你们，否则凭你们自己搞，那是不可能的。”

看以海感到很为难，高局长接着说道：“你先回去和领导汇报，真的要搞，先写申请报告，我们还要下去考察，然后按目标管理要求创建。并推荐一名档案管理人员，边搞边培训，考核合格后发档案员资格证书，持证上岗。”

回去后，以海和张元开一说，他当即表示，不能因为困难就害怕，一定要搞成高标准的档案室。因为企业档案是企业资产的重要组成部分，是企业生产、经营和管理的基础工作，它的重要性和必要性不用多说。“我只能给你们两个月时间，而且要搞成最好的、一流的，必须一次性验收合格，这事由你全权负责办理。”

文艺宣传队在县人民路和花山路交汇处的十字路口演出。张元开站在交通安全岛上亲自观望指挥

以海看厂长如此坚决，只好开始啃这块“硬骨头”。他先按要求写了申请报告，县档案局收到申请报告后对单位进行考察。随后，企业成立了档案工作领导小组，由张元开任组长，以海任副组长，办公室文职人员李佃珍任档案管理员。在档案局同志的帮助下，他们制订了一份详细的工作计划，建档工作自此全面展开。

（2）下“绣花功”创一流

当时档案局加上档案馆一共 11 人，最多的时候被以海请来 8 个，他们是高运斌局长、李先国副局长、张庆波副局长、杜学圣馆长、于厚全副馆长、王庆宝主任、寇红霞主任、刘洪志、顾秀波、唐竹前等，其中有两个已经退休的老领导也被聘请出山帮助工作，年龄最长者已有 70 多岁。

他们一分钱报酬不要，无私奉献，援助企业开展建档工作，这令张元开非常感动。为了表示一下心意，企业决定每人每天补助交通生活等费用 10 元钱，可被他们坚决推辞了。他们说：“是张元开感动了我们，他在沂南县轴承厂任厂长的时候，当时还没有人搞企业档案，他就率先创建，并建成一流标准的档案室，给全县企业带了好头。”是啊！张元开就是这样一个人，他总能看到别人看不到的事，做到别人不了解也不愿做的事。他总说自己没文化，可他这一辈子光做文化人都不愿做的事。

那两个月的时间，大家真是玩了命的干，12 个人加班加点，经常工作到晚上 11 点，没有一个叫苦叫累的，也没有一个人掉队。

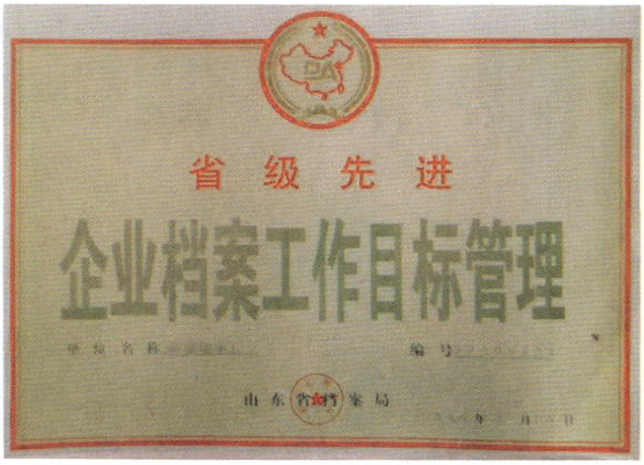

公司获得的“省级先进企业档案工作目标管理”荣誉证书

在县档案局的鼎力支持下，经过 60 天的日夜拼搏奋战，一个高标准、设施齐全、高档次的档案室如期建成，并一次性验收通过。企业被县里评为“企业档案工作管理先进企业”；被市档案局授予“市级先进企业档案工作目标管理”荣誉称号。

然而，张元开并不满足，他向办公室提出了更高的目标和要求，在此基础上，要争创省级先进企业档案工作目标管理单位。

功夫不负有心人，档案管理员李佃珍不懈努力，认真刻苦学习，其运用信息技术对归档文件、数据信息资源及档案不断进行采集、整合，公司档案管理水平不断提升。公司连续三年被省档案局授予“省级先进企业档案工作目标管理”荣誉称号；以海和档案员李佃珍连续三年被省档案局评为“先进工作者”。

细节永远能够折射出人性的光芒。一个人无论从事哪个行业，处在哪个阶层，都能从细节上看出他做事认真与否。通过这件事，不难看出张元开是一个非常注重细节的人，也是一个很有事业心的人。

04 致富不忘乡里人

张元开是个乐于助人的人。早在改革开放初期，为响应上级号召，他先后帮扶周边村创建养鸡场、蓝皮厂、大理石材厂，帮助镇驻地和边远山村修桥筑路，并投资创建残疾人福利企业，可以说他是致富不忘众乡亲。

一、帮扶建厂谋致富

1984 年冬天的一个晚上，张元开从家里的黑白小电视上看到一条新闻，新闻讲的是一个养鸡专业户不仅自己发家致富，还带动大伙靠养鸡走上致富道路的故事。这件事让他记在了心里。

一天，张庄镇张庄四村年轻有为的党支部书记薛赏吉又来到张元开的办公室。对他的到来，张元开多少能猜出几分来意。因为最近几天他们聊了不少，谈论最多的还是怎么让村里发展致富的事。

“有什么事你就说吧！”张元开首先说道。

“昨晚上一夜没睡着，这不一大早就来找您了。”薛赏吉笑道。

“那就赶紧说，看看我们能帮上忙不！”张元开诚恳地说道。

薛赏吉娓娓道来。他想让张元开参谋一下，看看厂子附近那 200 亩机动地能否搞点农副产品项目，好让村民挣点钱，贴补生活家用。他的计划是种植蔬菜，搞酱菜园。

张元开听了非常高兴。他称赞道：“种植蔬菜，搞酱菜，你很有想法啊。

等有空咱们去济宁玉堂酱园参观一下。”

没过几天，张元开就和薛赏吉一同前往济宁。当他们来到玉堂酱园说明来意后，一个姓李的副厂长接待了他们。李副厂长看起来年纪跟张元开差不多，当他知道张元开是沂南县轴承厂厂长时，非常尊敬他，因为沂南县轴承厂远近闻名。

李副厂长首先介绍了玉堂酱园的历史。“但也正因为躲在计划经济温室里太舒服了，现在的玉堂酱园体制僵化、管理落后，发展步履维艰。”

听到这里，张元开马上明白了玉堂酱园目前的状况。他说道：“为什么我们要来玉堂酱园，我们很早就知道玉堂酱园一直遵循‘货真价实，童叟无欺’的店训。别看这八个大字朴实无华，却道出了玉堂酱园的经营真经。更让人信服的是，玉堂酱菜宁愿赔本也要保证质量。你也不要灰心，像这样历史悠久的传统酱菜，是不会轻易倒下的。在玉堂酱园的发展历史中，经历了多少波折，每次都能够东山再起，再创奇迹，一直走到现在，这充分显示了玉堂酱园顽强的生命力，在其经营上毕竟有它的独到之处，这一点是难能可贵的。”

李厂长听了张元开的话，站了起来，并认真望着他。“您不愧是个企业厂长，听了您这话，让我心头一震。您说得对，玉堂酱园是不会轻易倒下的，一定会东山再起，重振雄风。”李厂长郑重地说。

接下来他们又聊了很多，到最后，李厂长决定这个周末就到沂南张庄镇实地考察，帮助他们发展这个项目。

很快，周末就到了，李厂长如约而至。他首先对这块机动地进行了细致的考察。他说：“这片土地是半丘陵薄地，估计不适宜种植蔬菜。”张元开和薛赏吉听了以后，心凉了半截。

当他们一行来到地北头时，他突然对张元开和薛赏吉说：“除了种植蔬菜搞酱菜你们还有没有其他的打算？”薛赏吉有些期待地望着张元开，然后说：“张厂长倒曾多次说起养鸡，但村民对养鸡好像认识不足，再说一没资金投入，二缺少技术，不如种植蔬菜顺手……”薛赏吉还没说完，就被李厂长给打断了。

“不，在我看来，目前养鸡也是不错的项目，这也是我的建议。你们发现没有，这里地势高阔，远离村庄，非常适合养鸡。”

“好，李厂长的这个建议好，我早就觉得搞养殖业发展养鸡是个好项目，它周期短，见效快。”张元开连连点头，心中说不出的高兴。

更让他们高兴的是，李厂长还热心找来了专家帮助他们建设养鸡场。就这样，在李厂长和张元开的大力支持帮助和广大村民的共同努力下，张庄四村养鸡场全面铺开，很快建成并投入使用。

这在当时成了爆炸性的新闻。养鸡场的诞生，不但提高了当地农民的收入，拓宽了他们的视野，更解放了他们的思想，改变了他们的观念。

这是张元开在改革开放后响应上级号召，率领企业帮扶农村实施的第一个养殖项目。

在他的引导带动下，在张庄镇委、镇政府的正确领导下，广大农民发家致富的干劲空前高涨。一时之间，张庄镇涌出了大量社办企业，板簧厂、水泥厂、酒厂、石板厂等都发展得红红火火。张庄镇一举成为沂南县经济大镇，张元开也受到了县委、县政府的表彰。

张庄镇的领导说：“张元开不但是工业战线的排头兵，也是带动农民发家致富的热心人。”村民们说：“张元开从创业起心里想的就是咱庄稼人，发家致富后，心里依然想着怎么让咱庄稼人也致富。”张元开却说：“党的政策这么好，只要因地制宜上项目，勤劳苦干谋发展，就一定能让村民们过上幸福生活！”

后来，他根据山区的资源优势，依托原大理石厂的设备与技术，帮助小河村建起大理石厂；帮扶松山村建起温泉洗浴澡堂；与张庄村联合创办蓝皮加工厂；帮扶周家峪子村利用荒山荒岭开发养猪场；帮和庄村修建了环山路等项目。可以说，张元开为张庄镇地方经济的发展，为农村农民走共同致富道路做出了积极的贡献。

二、修桥筑路助脱贫

那是1997年的春节前夕，企业宣传队要去张庄镇老君炉村（归属张家岭村）演出。听到这一消息，演员们都不由摇头，因为老君炉村位于张家岭村的大山顶上，通往村里的路全部都是羊肠小道，是典型的“碎石路”。小村仅有40户人家，不足150口人，村民数量还不如表演的人多。更关键的是没有场地，车又开不上去，恰逢年关，寒冬腊月，这给演出带来很大的不便。

说起为什么要到这里演出，还有一个故事。山东沂蒙轴承厂和张庄镇文化站联合成立的文艺宣传队，在张庄镇桥头广场演出时，老君炉村有村民去看了表演，看后赞不绝口，并且提到了文艺宣传队的表演不要钱的事情。几个老

张元开亲自带领沂蒙轴承文艺宣传队到张庄镇老君炉村演出

人心动了，抱着试试看的心理就找到了张元开。

有个80多岁的张大爷颤颤巍巍、动情地对张元开说道：“以前年轻的时候还能出去看看戏，现在年纪大了，以为这辈子看不到文艺表演了，没想到您这里还办了文艺宣传队。不知道文艺宣传队能来我们小山村里表演不？”

张元开大受感动，当即表态：“你们回去告诉乡亲们，春节前一定去你们那儿表演。”听到这话，老人们根本不敢相信自己的耳朵，他们握着张元开的手，感谢连连。

为了让山里人看上这场表演，张元开和以海悄悄来到该村，在村主任和几位老人的带领下，四处寻找合适的表演场地。最后，决定在村下的山崮上表演。乡亲们知道文艺宣传队要来演出，一个个情绪高涨，不顾天气寒冷，在那方圆200米的崮顶上，清理出了一块能够表演的场地。

老天爷好像故意不配合，节前连着下了几场不小的雪，这给演出带来不小的麻烦。演出车队刚开出周家峪子村就被迫停了下来，因为往前走就是崎岖山路，汽车实在过不去了。大家只好肩扛背抬，费了很大周折才把演出道具运送到崮顶上。赶到那里的时候，乡亲们已经把表演场地的积雪清理干净了，全村老少都在现场迎接文艺宣传队的到来。

山崮顶上天气寒冷，山风刺骨，文艺宣传队原计划演出一个半小时，可乡亲们没有人退场，尤其是那些老人和孩子，迎风站在雪地里，就是看不够。看到这种情景，张元开与邹立祥、侯景岩、以海简单商量了一下，决定再追加几个节目。

尽管有的演员因衣着单薄被冻得直打战，还有几个演员带病坚持表演，可大家都被乡亲们的热情深深打动了，一连表演了两个多小时。等到演出结束，大家把文艺宣传队队员团团围住，拉着队员们的手不松开，要带他们去家里暖和暖和，让他们吃点饭喝点热水再走。

一个80多岁的老人，流着泪，走到张元开跟前说道：“真的做梦都没有想到，您一个老厂长，还亲自送戏到小山庄，送到家门口，这么好的表演，我们山里人知足了，俺更知足了。谢谢厂长，谢谢宣传队的同志，你们辛苦了。”

张元开握着老人家的手说道：“只要乡亲们喜欢，乐意看，我们演出队就算再辛苦也值得。”

这次经历让张元开有了给村里修路的想法。他以前就知道张家岭村不富裕，但只有到了村里，他才知道，村里连条像样的路都没有。“要想富先修路。”他向张家岭村两委和张庄镇政府提出建议，企业出挖掘机、推土机、拖拉机等设备，村里出人工，修一条能进出拖拉机、汽车的路。镇里领导听了这话，立刻派人进驻该村。

就在这时候，张家岭村下游的周家峪子村听说张家岭村要修路，他们也坐不住了，迫不及待找到了张元开。因为他们村东面有一条沟，下面有一个水库，每年夏天雨季来临时西山上总会下来一股洪水把水库上游的路段冲毁，村里也只能用土垫垫，这给村民和水库上游的村庄带来很大不便。要是能修上小桥，再硬化上路面，那就再好不过了。

说起来，周家峪子村也是张元开的老家，早些年修的土路，还是他提议组织修建的，虽说多年前就不在这里住了，可他还是经常回村看看，毕竟生他养他忘不了的那份乡情在心里。张元开听了村两委的想法，欣然同意了他们的计划。

为了修好这条路，他从自己省吃俭用攒下的积蓄中拿出1.3万元，儿子张安喜被父亲的行为深深打动，也拿出5000元；三个女儿不忘乡情，每人也拿出2000元。在他的感召下，广大村民纷纷捐款捐物，凡在外地工作有固定收入的也个个慷慨解囊，在很短时间内就募到了一笔可观的资金。

在镇、村和企业领导的高度重视和正确领导下，经过全体村民的共同努力，一条长 5300 余米的道路如期建成，从根本上解决了村民出行难的问题。

张元开致富不忘乡里人，只要百姓需要帮助、找他办事，他都有求必应，总是伸出援助之手。修桥筑路、基础设施建设等，他总是跑在最前头。20 世纪 70 年代，张庄镇修建电影院、汶河桥头修建广场、张庄集市规划、小河村立集等，他不但积极献计献策，还出工出力，出资赞助，就连标志物、景观灯照明的费用他都甘愿承担，因为他知道，设计独特的标志物，既能美化环境，又能成为一座城镇的象征。

三、敬老爱幼暖人心

张元开向当地敬老院老人发放衣物

1997 年 10 月 9 日早上，就在九九重阳节前夕，张元开与企业十几名志愿者，带上节日慰问品，连同猪肉、蔬菜和面粉等物资，又来到张庄镇敬老院看望老人。他到底来过多少次，已经没人能记得清了。

来的次数多了，张元开对老人们的喜好也摸得差不多了。他发现老人们都喜欢吃水饺，就将包水饺活动作为一项长期志愿服务项目在企业中定了下来。凡是企业的员工来敬老院，都要包一次水饺。

“包水饺”虽是件小事，对老人来说，却是最暖心的。那一碗热腾腾的水饺，让他们看到了善良和温暖，让他们知道有人在关心着他们。

到了夏天，张元开给他们送来夏衣；到了冬天，张元开又给他们送来冬装。

最让他们忘不了的是，张元开还为他们安装了锅炉取暖设备，这样他们就能温暖地度过寒冬了。张元开知道敬老院资金并不宽裕，每到冬天他早早就把煤炭送了过来。老人们高兴地说：“张元开有一颗菩萨心肠，他让我们过上幸福的晚年生活。”

其实，张元开做的善事有很多，只不过他都不愿意说。有一次，他去县城办事，正巧遇见张庄镇一位领导，他在交谈中得知本镇石门亭村，有一个小学生患有疑难病症，生命垂危，急需转院去济南救治，可眼下家中已经债台高筑，实在无力承担治疗费用。张元开回到单位后马上召开会议，发动职工募捐，他带头拿出1000元。在他的带动下，全厂职工纷纷伸出援助之手。张庄镇派出所所长苏永华看到这个场景，也带领全所干警前来募捐。当一万多元善款送到患者父亲手里的时候，他流下了感动的泪水。

四、福利企业解忧虑

在帮助张庄镇张家岭村修路的时候，一对夫妻含着泪找到张元开。他们家的悲惨遭遇让张元开这个钢铁一般的汉子都泪水涟涟。

原来这对夫妻有两个孩子，都是听障人士。两个孩子从特殊教育学校毕业后，一直没找到工作。儿子整日待在家里不出门，天天以泪洗面，轻生的念头都有了。这对夫妻心如刀绞，几近崩溃，在万不得已的情况下，找到了张元开，恳求企业收下他们，哪怕只为其中一个安排工作也行。由于兄妹二人都是听障人士，无法和正常人交流，张元开没有答应，他们的愿望落了空。夫妻俩含泪走了。

张元开望着他们远去的背影，陷入了深深的思考。他想到曾有好多残疾人家长都来找过他，询问子女能否来企业工作。残疾人和他们的父母将来的生活

张元开陪县委书记黄宜全、副县长满玉成等领导到车间考察

怎么办？想到这里，他心里就不是滋味。可又能怎么样呢？真想做点事情来帮助他们。

说来也巧，就在这时候，沂南县委、县政府出台政策，要求全县各部、委、局，县直各单位，带着任务、项目到企业帮扶工作，到他们企业帮扶的恰巧就是县民政局。

带队的是李尊太副局长和一位名叫陈秋的女同志。这下可把张元开喜坏了。帮扶组来到企业的第二天，大家就坐在一起开会，商量确定帮扶项目这一事宜。可会议开了一上午，也没研究出具体帮扶内容。

在下午的会议上，张元开突然提出要办残疾人福利企业的想法。这个想法一出口，就被企业其他领导班子成员异口同声否决了。对这事他们有一万个不同意的理由。最直接的原因就是，企业以前没有接收残疾人工作的先例，管理残疾人也是件很棘手的事情。

张元开看他们表态完了，就说道："大家说的我都听到了，你们的反对意见我认为是很有道理的。可为什么我要提出搞残疾人福利企业，有四点原因。第一，残疾人是社会弱势群体，他们本来就很不幸、很痛苦，本就贫困的家庭也因此雪上加霜。可他们也是社会的一分子，要吃、要喝，要生活、要工作，这也是他们最基本的权利要求和生活保障；第二，我们有这个条件，有这个能力，为他们创造一个场所，提供一个平台，让他们自食其力，凭自己的能力养活自己，为社会和家庭减轻点负担；第三，政府大力支持创办残疾人福利企业，而且有很多优惠政策，鼓励兴办福利企业。更重要的是，福利企业的主管部门就是县民政局，他们的工作人员就和我们坐在一起，帮扶我们，他们最有发言权，其中最有资格的就是李尊太副局长。”

张元开说完，就目不转睛地瞅着李尊太。领导班子成员也都注视着李尊太，好像他们将宝全都押在他这儿了。

李尊太瞅瞅张元开，又看看大家，心想，好一个张元开，把球抛到我这里来了。他整天和残疾人打交道，不亲自办过、管理过，可不知道其中的厉害，做这些事光凭一腔热情是不行的。

想到这里，李尊太慢声细语、严肃认真地说：“张厂长有大局意识、大局观念，有一颗扶残助残的心，实属难得。这个想法很好，能为残疾人创办一处福利企业，这是一件大事，也是一件好事。”

说完他瞅了瞅大家，又接着说：“不过，经营残疾人企业，可不像一般的企业管理那样，一声令下大家整齐划一。管理残疾人那可是相当棘手的，尤其是对听障人士、言语残疾人的管理，就是很难的一件事。必须要有专业管理人员去跟他们沟通交流。目前沂南县只有两家接收残疾人的企业，而且规模都很小。当然，办残疾人福利企业，国家有很多优惠政策。”

李尊太这番话刚说完，厂领导班子成员就炸了锅，七言八语说上了。

等大家都说完，张元开最后表态。他说：“以上你们说的都有道理，事实的确是这样，残疾人不像正常人那样好管理，这一点我完全可以想象。但是我们做一件事不能因为有困难就不去做。如果容易做，也许就用不着我们去做了。从国家到咱县政府，以及来帮扶我们的民政局，都鼓励号召人们帮扶残疾人就业，而且还出台了优惠政策，国家都这么重视，政策又这么周全，我们没有理由不去做。

相信在座的各位，亲戚或者朋友家里有残疾人的，他们过的是什么日子，你们必定很清楚。等将来企业建好招收残疾人的时候，他们肯定要找上你们家。”

兴办残疾人福利企业这一提议就这样在激烈的讨论中最后定局了。

也许是上天的安排，恰巧就在这时候，沂南县委、县政府领导班子成员分工包扶企业工作，县委常委、常务副县长满玉成听说张元开要创办残疾人福利企业，便主动提出要到距县城20多里外的乡镇包扶沂蒙轴承，因为他深知办残疾人企业不是件容易的事。

满玉成是张元开的老朋友。这次他舍近求远，主动提出包扶沂蒙轴承，让张元开非常感动。在残疾人福利企业的创办过程中，满玉成对张元开的支持很大，凡是遇到问题，张元开第一时间想到的人，就是满玉成。

在满玉成的指导帮助下，残疾人福利企业的筹建工作全面铺开。为争取企业早日建成，满玉成及时向县领导汇报相关情况，他们的工作得到沂南县委、县政府的大力支持。沂南县委、县政府要求县民政局帮扶人员以及县残疾人联合会拿出专人靠上。从申请、立项到审批，一切进展顺利。厂名为“沂南县滚动轴承厂”。厂子从开工筹建到竣工开业，仅用了八个月时间。企业占地面积9.6万平方米，建筑面积4.9万平方米，总投资2600万元。企业职工360人，其中残疾人186人，是沂南县规模最大、安置残疾人最多的福利企业。

举行开业仪式那天，三十多家单位前来祝贺。

沂南县委常委、常务副县长满玉成在祝词里写道：“……今年已经63岁的张元开同志，依然坚守在工作一线，为沂南的工业振兴、经济发展，做出了巨大贡献。大家知道，残疾人是特殊困难的弱势群体，是民生保障的重点和难点。今天，张元开同志又创建了沂南规模最大、安置残疾人最多的沂南县滚动轴承福利企业，为残疾人家庭减轻了压力，为社会也做了一件大好事。在此，我代表县委、县政府，对沂南县滚动轴承厂开业典礼，表示衷心祝贺和诚挚的感谢！”

听说张元开办了残疾人福利企业，要招残疾人上班，许多人蜂拥而至，就连外县也来人了。这时张元开更感到了身上的责任和压力，因为他看到了许多父母为自己的残疾人儿女求职时的那番心情、那份渴望。

张元开了解这一情况后，又把招聘条件相对放宽了，只要生活能够自理、能坚持工作，哪怕劳动能力小点，厂里也给提供他们力所能及的一些工作。

任何问题，在张元开面前都不是问题，尤其是在他铁了心要做这件事时。比起第一次艰苦创业和第二次艰难创业的历程，这更算不上什么，这也难不倒张元开。为了尽快走近和熟悉残疾人，张元开有时连饭都和残疾人一起吃。这时，他才真正明白李尊太当时说的话。办残疾人企业，注定就要和他们工作生活在一起，只有真正走进残疾人的内心世界，才能与他们亲密无间地交流和交心。

除了张元开，还有一个人压力巨大。那就是沂南县滚动轴承厂的厂长王泽恩。王泽恩以前在山东沂蒙轴承厂担任生产科科长，张元开看中了他的踏实肯干，提拔他来残疾人福利企业当厂长。第一次担任厂长，王泽恩的压力是巨大的。王泽恩知道，没有坚强的耐性，没有一颗强大的爱心，就很难管理好残疾人，也很难为厂子创造经济效益。张元开深知王泽恩身上的担子有多重，但他相信自己不会看错人的。

时任沂南县滚动轴承厂厂长王泽恩

在招收的180多名残疾人中，听障人士、言语残疾人占了四分之一。若是不赶紧把他们培训好，企业也拖不起。还好有满玉成提供的信息，张元开和王泽恩特地来到县残疾人特教学校，他们找到刘校长，并和校方达成共识，签订了协议，从学校聘来三个不同专业的老师。这些残疾人在老师的指导教育下，学习、实践、工作等进步很快。

时任山东省人大常委会常委、省人大农业和农村委员会副主任张守业一行来福利企业考察调研，县人大常委会原第一副主任满玉成等领导陪同。张元开在为他们介绍企业的运行情况

张元开也会抽空来培训现场听老师讲课，并与这些新招收的员工交流。虽然他们的沟通方式只有手语和文字，但他们也能欢愉地交流。张元开看到这里，心里由衷的高兴。

经过三个多月的专业培训，这180多名残疾人中，除了个别人残疾情况比较严重，确实不能工作，其余全部上岗。在王泽恩的带领下，企业产值、效益都令人满意。有些残疾人工作起来，干出的活，并不比正常人差。相反，因为他们更少一些杂念，更能一心一意、聚精会神地干工作，所以他们的生产效率很高。由于残疾人的工资是计件与工时相结合，有的残疾人的收入与健全人不相上下。

这年底，王泽恩被县里评为先进个。张元开被市里评为“扶残助残先进个人”，被临沂市人大常委会授予“建功立业先进代表”荣誉称号。就在这一年，他又获得“山东省劳动模范”荣誉称号。

到今天为止，在沂南县，该企业仍是残疾人就业最多、规模最大的福利企业。

05 友情相契心相惜

一、亦师亦友亦兄长

创业数十年，张元开用自己的真诚将领导都处成了好朋友。企业就是在这些老同志、老领导无微不至的关怀下成长起来并发展壮大的。张元开常说，没有这些老同志的关心帮助，企业不会发展到今天，他也不会走到现在。他们之间有很多真挚而动人的故事。

（1）齐心协力促上市

那是杨荣三书记主政沂南的时候，他甫一上任就来到山东沂蒙轴承厂看望张元开。

当杨书记见到这位年近七旬的厂长时，他感到非常惊讶。没想到张元开都这个年龄了，还亲自掌管企业。是什么精神，是什么力量，是什么缘故让他这样，杨书记心里不免有了很多问号。

通过交流，杨书记才慢慢了解到这位貌不惊人的企业家艰辛的创业故事。张元开虽已近 70 岁，但精神饱满、思路敏捷、谈吐清晰，对企业的发展充满了信心；尤其是当他谈到沂蒙轴承拟上市的工作时，显得非常专业。杨书记听了不住地点头赞赏。然而，他哪里知道，当时的张元开，已患有“三高”多年，血压时常高达 200 多。

时任县委书记辛云岩到企业调研

时任县委书记肖开富到企业调研

时任地委书记王渭田到企业调研

时任地委书记王久祜来企业考察

杨书记热情地对张元开说：“谢谢老厂长为我们沂南县做出的重大贡献。在我任职期间，企业有什么事，当然包括您个人，有需要帮助协调解决的，随时找我。”杨书记是这么说的，也是这么做的。

杨书记在沂南工作期间，为当地企业的发展，为沂蒙轴承的成功上市，着实做了大量工作。

就在杨书记在沂南大刀阔斧开展工作的时候，临沂市委、市政府根据省委、省政府的统一部署安排，成立了沂南县帮扶工作组，任命临沂市人大常委会第一副主任王友忠担任组长。

王主任刚到沂南，杨书记就把沂蒙轴承的基本情况向其做了介绍。王主任随后又来到企业同张元开座谈调研，摸底了解企业实际情况。在沂南帮扶工作期间，他和张元开结下深厚的感情，二人成为知心朋友。

当时，企业正全力以赴准备境外上市工作，在此期间遇到了一些实际问题和新的情况，如福利企业面临返税等。县委、县政府了解到这些情况后，迅速召开县委常委办公会，立说立办，在当时县财政比较吃紧的情况下，及时返税300多万元，并专门成立领导小组，协调解决了很多上市前面临的实际问题，为企业早日上市打下了基础。

时任市委书记张守业来厂视察

这天是星期一，县委、县政府九点在县招待所礼堂召开全县干部会议，杨书记正要去开会的时候，张元开急匆匆来到房门前。杨书记看出张元开焦急的心情，便说："张厂长里面坐，有什么事先简要说一下情况。"

时任中轴协会会长杨乃燕来厂调研

"谢谢杨书记，两分钟就行。"

原来张元开刚得到一条消息，山东省划拨给临沂1.1亿元资金，无偿扶持拟上市企业。当时山东沂蒙轴承股份有限公司正在紧锣密鼓筹备境外上市，急需剥离银行贷款等不良资金，而且公司也非常符合这个扶持条件。杨书记听到这一消息，非常高兴。听着听着就把开会这事给耽误了。

张元开见状要和杨书记告别，杨书记握着张元开的手说："放心吧张厂长，这是件好事，国家加大政策倾斜，鼓励企业上市，这个机会我们一定要争取。什么时间去，我听你们消息，当然，别忘了叫上市人大常委会王友忠主任。"

"好。现在我就去找他汇报。"张元开告别了杨书记接着就去找王友忠主任，王主任听了也非常高兴，并且他与市工商银行的张行长非常熟悉。为确认事情的真实性，他拨通了张行长的电话，对方回答确有此事，但政策性很强，

时任市委书记乔延春来厂指导

张元开与时任市政府市长李玉妹亲切交谈

要求非常严格。张元开听了非常高兴，这是天大的喜讯，因为他知道自己企业的实际情况，他们肯定可以申请到这笔资金。

事后张元开才知道，在那天的全县干部大会上，杨书记就拿他做榜样，从会议开始到结束，讲了很多张元开干事创业的故事。

第二天一早，张元开就和以海来到杨书记办公室。不巧的是，上午杨书记要参加工业园一个招商引资重大项目落地沂南的剪彩仪式，这可让杨书记犯了难。可他看到眼前张元开焦急期待的神情，杨书记还是果断做出决定。“我看这样，王主任正好在临沂，你先联系一下，如果他能到临沂市工商银行，最好让他预约一下张行长，你们先赶过去。这边剪彩仪式一结束，我马上和你们一起去。”杨书记说。

当杨书记和张元开赶到临沂市区的时候，市人大常委会副主任王友忠已经到市工商银行张行长办公室了。

张行长话不多说，针对中国工商银行山东省分行划拨临沂 1.1 亿元资金扶持上市企业这件事做了简要说明，他指出在规定条件与要求标准范畴之内的企业，他们都会列为重点扶持对象。当然，根据要求，企业需上报严格翔实的资料，他们还要到企业进行审核与实际考察。一句话，这不是通常意义上的贷款扶持资金，属专款专用。

所有与会人员的目光都集中在了张元开身上。张元开首先把企业生产经营情况及业绩做了简要汇报，接下来他介绍说："目前公司产品销往全国二十多个省、市、自治区，为一汽解放、二汽东风、陕西汉德、北汽福田、中国重汽、四川建安、辽宁曙光、金龙客车和山东时风等国内大型主机厂家配套，产品销往多个国家和地区。目前公司正紧锣密鼓地筹备境外上市工作……"

张元开刚说到这儿，张行长便插话说："对不起张董，打断一下，请问刚才您是说在境外上市吗？"显然张行长对境外上市这条信息比较敏感，也非常感兴趣。

"对，是的！"张元开胸有成竹，镇定自若。

"想问一下，为什么选择境外上市？"

"经过多方考察和反复斟酌论证，认为企业本身符合境外上市要求。"

"相比国内股市，海外股市运作效率要高得多。只要企业本身符合要求，且得到市场认可，在很短时间内即可完成发行上市的运作计划。因此，企业在选择上市地点的时候，必须衡量本身对资金需求的迫切程度。"

张元开向时任市委书记李群汇报工作

"的确是这样，我们根据企业的发展要求与规划，以及县委、县政府扶植优惠政策，发现老厂区已经不能满足生产需求，所以计划到县经济开发新工业园区发展。这也是境外上市的需要。"

时任市委书记连承敏和时任县委书记马崑来厂指导

"就我们目前了解掌握的情况看，临沂市只有你们一家企业选择

张元开陪时任县委书记、县人大常委会主任杨荣三，时任县委副书记赵森到生产车间检查指导工作

时任临沂市人大常委会第一副主任王友忠、时任市招商局局长刘洪明、时任县委副书记刘淑秀等领导参加中国轴承（新加坡）有限公司开业典礼仪式。公司副董事长、总经理张安喜致辞

境外上市。”

“企业要快速发展，必须要走上市尤其是境外上市的路径，探索出一条循序渐进、逐步与国际接轨的路子。特别要在法人制度、企业制度、上市公司的监管和国际标准等方面，逐步缩小与国外的差距。通过近几年来的摸爬滚打、不断创新管理，我们感觉这个差距越来越小，基本符合境外上市的条件。所以，我们就选择了境外上市。从目前整体的操作运行情况看，还是比较好的，一切顺利。”

“本次山东省划拨专项无偿资金以扶持临沂上市企业，其实质就是对上市公司的不良资产进行剥离。”张行长说。

“更好地调整资产结构，尽快提高资产的整体质量，这也是当前我们最需要做的工作。企业通过剥离不适合企业长期战略、没有成长潜力或影响企业整体业务发展的部门、产品生产线或单项资产，可使资源集中于经营重点，从而使企业更具有竞争力。”张元开表示。

座谈到最后，工行的领导们不但了解了企业境外上市的情况，更对张元开有了全面的认识。

公司首席执行官张安喜与新交所财务总监罗伯特、时任沂南县人民政府县长徐锋在新证所敲响开业第一声锣

沂南县经济开发新工业园区、临沂开元轴承有限公司

一段时间后，终于传来了好消息。经过综合考虑，中国工商银行临沂支行将选择境外上市的山东沂蒙轴承股份有限公司列为重点扶持对象。在接下来的时间里，根据要求，公司应报送境外上市相关资料，主要包括企业法律材料、企业财务状况相关资料、项目立项资料等。经过全面审核验收，该公司均符合规定要求。

很快中国工商银行临沂支行做出决定，从专项资金中划拨给山东沂蒙轴承股份有限公司4600万元以扶持其境外上市。当时原企业以及其下属公司贷款4000万元，已形成不良贷款，如果不能将其剥离，就会制约和影响企业上市。在市工行、县工行和山东沂蒙轴承股份有限公司三方的友好协商、共同努力下，4000万元工行贷款顺利剥离，企业轻装上市，成为临沂市第一家境外上市公司。它也是国内首家在海外上市的轴承制造企业。

通过上市，沂蒙轴承募集融资1.1亿元，企业得到快速发展。同时企业借此规范了企业管理，融通了发展资金渠道，宣传了企业品牌，使得企业在“国际化、现代化、资本化”经营管理方面迈出了重要一步，为企业今后通过资本运营求得更大发展积累了成功经验。

（2）艰难时光见真诚

张元开参加山东技术产权交易中心暨山东技术产权交易中心沂南交易信息部开业典礼

沂南县委原副书记、县政府原县长李日升在沂南任职期间，对张元开艰苦创业的精神尤为赞赏。就是在李日升任县长时沂蒙轴承成为全县第一利税大户。

那是 2002 年底，正是利税上缴国库的时候，这一年全县有很多企业因严峻的经济形势的影响，发展受困，无法完成年初县政府下达的税收任务。

为了按时完成县财政税收工作任务，时任县委副书记、县长李日升代表县委、县政府来到山东沂蒙轴承股份有限公司。李县长说明来意后，张元开当即表示，尽管今年轴承行业面临的形势也非常严峻（产品质量要求越来越高，价格却持续下滑；货款回收也愈加困难），但请县长放心，公司确保超额完成今年县政府下达的税收任务。

李县长听到这话，紧紧握住张元开的手，连声说:“谢谢张厂长，有您这话，我就放心了。”

李县长临走前又特意嘱咐了张元开一件事，那就是春节一定记得带着宣传队伍，继续大闹新春的县城，闹得越热闹越好。张元开听了特别高兴，他说，放心吧李县长，我们已经开始排练了，今年的表演规模更大、更精彩、更热闹。李县长听了连连点头称赞。

就在这一年，山东沂蒙轴承股份有限公司圆满完成了县政府下达的税收任务，公司和张元开都受到了表彰奖励。

张元开在省城济南参加人代会期间，与时任山东省人大常委会党组书记、副主任马仲才亲切交谈

（3）小钢材里大真情

一次，张元开在省城济南参加人代会期间，对山东沂蒙轴承股份有限公司早有耳闻的省人大常委会党组书记、副主任马仲才，在会议室专门接见了他。马主任曾从企近20年，尽管后来走上了从政之路，但他深知企业创业的艰难。

最让张元开印象深刻的就是马主任对机械制造业有着独特的见解。马主任说："机械制造业不是一代人、几代人的事，是世世代代的事情，什么是尽忠报国，这就是。制造业旺盛了，国家一定会强大，社会一定会富裕。"

更让张元开感动的是，马主任详细问起企业一年需用多少吨钢材、厂家都是哪儿的、对材质有什么特殊要求以及价格等情况。张元开一一为其作了详细汇报。当得知企业一年需用各种钢材2万多吨，而且这些钢材都产自外省，由上海宝钢、大连钢厂、江阴兴澄特钢等厂家提供时，马主任不无惋惜地说，这么大的用量，一年下来光运费就是个不小的数目。

接下来马主任又向张元开介绍莱钢的产品。他说如今的莱芜钢铁股份有限公司产品品种多、规格全、适应市场能力强，目前产品已有一百多个品种，数千个规格，尤其是他们现在生产的轴承钢很适合你们用。后来张元开才知道，马主任是科班出身，曾担任莱芜钢铁厂党委常委、厂长，可以说是名副其实的钢铁专家、企业家。

在他的推荐下，张元开会后来到莱钢拜访，厂方听说他是马仲才主任介绍推荐的，而且他还是来自沂蒙山区的企业，特别高兴。在气氛友好的洽谈中，他们很快达成对轴承钢的采购协议。后来两家成了亲密的战略合作伙伴。张元开对马主任感恩不忘，经常提起这件事。

二、与艺术家的相遇

真正的朋友相互投契。张元开和他的知己们都是因缘而聚、因聚而识、因识而友。其中，张元开与一位艺术家的交友故事真是一段传奇。

（1）街头的偶然邂逅

那是一个初冬，张元开和以海去济南看望张元开的一个老朋友（该朋友姓孙，二次创业时帮助张元开良多）。因对方唯一的联系电话打不通，张元开只好通过记忆寻找对方的住址，可费了半天劲儿，还是没找到。快到下午一点的时候，张元开才打听到消息，老朋友携老伴儿去加拿大女儿那儿过春节了，估计节后才能回来。

《齐鲁儿女》杂志 2001 年第 7 期，封底人物为张元开。杂志用大篇幅的文字介绍了张元开艰苦创业的故事，并引起很大反响

听到这个消息，张元开特别懊恼，后悔不早来看望老朋友。忙活了一上午，张元开饥饿难忍，此时他正好看到不远处，有一个老者在那儿卖烤红薯，一阵香味扑鼻而来。他便吩咐司机停车，他下车走到烤红薯摊前称了

三斤烤红薯。他饿极了，拿起一个就在路边吃了起来。说起烤红薯，那可是张元开一生的挚爱，不管走到哪里，只要遇见有卖烤红薯的，他肯定要买来吃。

这时，不远处有一位手持杂志的女士朝这边走来。她身穿一件漂亮的大衣，衣着得体而优雅。她的脖子上系了一条纱巾，纱巾下一串白色的珍珠项链在颈间闪耀。一头乌黑的头发将她的鹅蛋脸衬托得秀美无比。

突然，她停了下来，将张元开与杂志封底人物相片仔细对照。但张元开只顾低头吃红薯，根本没有发现这一幕。她又往前走了两步，盯着张元开看。这时候张元开才发现对方在看自己，他觉得有点不好意思，手里没吃完的红薯就没往嘴里放。

“您好！我们济南的红薯是不是不如你们沂蒙山的好吃？”她对张元开说道。

“不，很好吃，只是我们那儿的比这儿的面。一方水土养一方人，农作物也一样。”张元开认真地说。

“您的话太好了。请问‘沂蒙山之子张元开的传奇人生’，是不是写的就是您呀？”她继续说。

“您说什么……”张元开一时不知道她在说什么，一脸茫然。

“就是这本《齐鲁儿女》杂志的封底人物。”她指了指手中拿的那本杂志。

“对不起，俺很少看杂志、报纸类的东西。”张元开并没有看她手里拿的那本杂志，好像压根就不明白她在说什么。企业的生产经营他都装在心里，唯有对自己的宣传他从不在意。

“请问，您是？看着感觉很眼熟，但我想不起来在哪儿见过？”这时张元开认真打量着对方。

“我还是相信自己的眼睛。无论是央视、《大众日报》还是我们文联办的杂志，都有很多关于您的报道。真的太好了，没想到在这儿遇见您。您是我

张元开和王玉梅参加省人代会时的合影

的偶像。”那位女士目不转睛地看着他。

“您是？”张元开一时还是想不起来她究竟是谁。

“不好意思，有点儿冒昧，我叫王玉梅，是山东省话剧院的演员。”

“哦！想起来了！久仰，久仰，久闻您的大名！我们县的赵桂芳老师经常说起您。您在舞台上成功塑造了许多母亲的形象。”

张元开激动地握住了王玉梅的手。并激动地对以海说：“以海，你看过王玉梅老师的电影吗？”

“肯定看过啊！她在电影《喜盈门》中饰演仁文妈，在《高山下的花环》中饰演梁大娘，是著名的表演艺术家！能在这里遇见，真是太好了！”

“您好！以海。”王玉梅与以海也握了握手。

“让您见笑了，刚才真的饥饿难忍。”

“这才是巧遇呢！从一些资料看，你是1935年出生的，我是1934年出生的，我比你大，那我们可以姐弟相称。”

“那是，喊您大姐不错。”

接下来他们又聊了很长时间。让张元开没有料及的是，王玉梅对中国的工业企业这么看重，对他的人生履历又是那么了解熟悉。这让张元开由衷的敬佩。最后商定，让她抽时间到沂蒙山去看看这位兄弟和他的企业。结识了这位朋友，张元开心里非常高兴。

这次奇遇，让他们成了好朋友。

（2）工厂的暖心对话

那是一个夏天的晚上，正在办公室值班的以海接到一个电话，对方说打电话发现张元开手机关机，问怎么才能联系上他。打电话的正是省话剧院的表演艺术家王玉梅，她和张元开约好了，最近要来看看这位大兄弟。以海马上回想起去年初冬厂长在济南街头吃烤红薯的那一幕。

张元开当时正在公司花园招待室与洛阳轴研所所长徐学当等一行座谈，第二天一早就要赶赴青岛洽谈业务。以海来到招待室，把情况跟张元开说了一下，他立马打开手机回了过去。

张元开想如果大姐明天来的话，就让洛轴所徐所长他们再待一天，顺便认识一下这位老大姐。可让张元开失望和没想到的是，她不让通知任何人，她说自己就是想来看看张元开，想来企业学习一下。不管张元开怎么说，她就是不开口不答应。既然话都说到这份上了，那就只好按她说的办吧！

当时下料和锻造车间的下料红炉，炉边就是下料毛坯。夏天温度高达五六十度，后来全部改造成电加热下料和锻造

自打接到电话，张元开一个晚上没睡好觉，他怎么想都觉得很为难，县领导忙，不和他们打个招呼倒没什么，可不与他在沂南县的老朋友赵桂芳、郭传智等人说声，于情于理都说不过去。可王玉梅又再三叮嘱，自己擅自做主也不合适。因此，张元开心里很矛盾。最后他还是决定按她说的办，等她来了再说吧。

张元开与郭传智出席山东省第十一届人民代表大会时同王玉梅合影

第二天上午十点多，王玉梅就到了。还没落座，她就先解释说，今天不让通知其他人，就是想专门来看望兄弟，看看企业。

“一走进企业大门，我就感觉到了它的生机与活力。当然，还有浓厚的企业文化。”王玉梅道。

“那是大姐的夸奖。刚才大姐进来时，看到的是车工车间、机加工车间，还有热处理车间。相比而言，这几个车间环境算好的。”

“工人们太辛苦了，天气那么热，机器轰鸣，火花四溅，我看到他们都在汗流浃背地忘我工作。”

“这样的天气，车间温度有四五十度，但这还不是最热的车间。”

“还有比这更热的？”

“一会儿我带你去下料、锻造、热处理退火等车间，那里气温高达五六十度。”

“这么高的温度，工人能受得了吗？”

“这就是轴承行业的特殊环境。”

听到这儿，王玉梅有点坐不住了，她提出先去生产车间看看。张元开陪着她，先来到第一道工序下料车间、锻造车间。下料红炉和锻造红炉的烈火窜出一米多高，工人就在炉前聚精会神、一丝不苟地操作。张元开告诉她，这还是老传统工艺，年底技术改造准备将其全部换成电感应加热炉，这种传统工艺已经落伍，早就应该被淘汰了。

“太不容易了，别说要在这里工作几个小时，就是走一趟也让人吃不消。”

“这比以前好多了，原来一个老车间主任，曾形象地描述：‘夏天前面

张元开与山东省话剧院表演艺术家王玉梅在亲切交谈

烤煳了，冬天后面冻没了。’值得庆幸的是，这种状况快熬到头了。”

“不来现场看看，亲自体验一下，哪知道这就是你的工作、你的事业。可想而知，你在创业之初是何等艰难。能坚持到现在，你简直太不容易也太了不起了。”

“一个人想干一件事，那是很有意思的，这不，整天忙忙活活，不知不觉就走到了现在，当然，人也老了。”

“一个人终生都在追求一件事情，那是件非常幸福的事。”

接下来他们来到热处理车间，这里同样是高温车间。考虑到车间内温度极高，张元开本不想让她全程都看一遍，可王玉梅还是坚持走了下来。

从计量中心办公楼出来的时候，王玉梅脸上的汗还在不停往下滴。张元开看了由衷的敬佩。一个搞表演的艺术家，对一个机械工业企业有那么浓厚的兴趣，这是不多见的，更是难能可贵的。这时候张元开才明白，她为什么能够成为一个家喻户晓的表演艺术家，因为她善于吃苦，能够深入生活。

往回走的路上，正好经过企业荣誉室。王玉梅顾不上炎热与疲劳，一定要进去看看。当她看到满室熠熠生辉的各种牌匾、奖杯、证书，对这位沂蒙山老汉更是肃然起敬。因为她清楚地知道，这每一个荣誉背后都是辛苦的付出。

“有人说，看到企业家的精神面貌，就知道了企业的发展状况。一个内心充满力量与自信的人，他的事业一定会充满生机与活力。”

“大姐说的是。坚持一件事那是很难的，更难的是一辈子都要坚持，容不得半点松懈。”

他们聊了很长时间，总有聊不完的话。他们俩，一个是企业家，一个是艺术家，竟然能成为好朋友，或许这就是真诚的魔力。

三、师徒情深情意长

说起山东力诺集团股份有限公司董事长、总裁高元坤，大家并不陌生。他的第一份工作就始于张元开创办的轴承厂。尽管这对师徒的相处时间仅有短短几载，可他们之间结下了深厚的情谊。张元开为有这样的爱徒感到无比的骄傲和自豪，而高元坤对恩师张元开更是感恩不忘，非常尊重。张元开去世以后，高元坤为纪念他，特意请人雕了一尊铜像，以表达自己的思念。

（1）勤奋小伙拜师记

那是1976年的盛夏，根据国家政策，一批学生被分配到企业工作。当时有很多车间急需有文化的人才，这下可把张元开高兴坏了。在没有分配之前，就有人告诉张元开，有一个姓高的小伙子，岗前培训时就听得特别认真，他还利用休息时间挨个参观车间，每到一处都看得特别仔细，有个干工作的样子。

张元开当时没在意，认为好多学生在来工厂前，没见过机器设备，一时感到新鲜，这是很正常的事。可当他吃完晚饭去车间转悠的时候，发现的确有一个年轻人在钳工车间认真地看工人锉削、锯切。

经询问了解，张元开才知道他就是那位姓高的小伙子，名叫高元坤，家是沂南县青驼公社高里大队的，他的父亲高玉栋是一名教师。这下张元开对他有了深刻的印象，感觉他是个很讨人喜欢的小伙子。

后来高元坤被分配到钳工车间工作，别提他当时有多高兴，有多激动了。因为机修钳工车间是一个工厂技术力量最雄厚的地方。机修钳工是按技术要求对工件进行加工、修理、装配的工种，工人干上几年，就是一个技术全面让人

已经 70 多岁的董事长张元开亲自带领中层以上干部到力诺集团参观学习。走在前面的有总经理张安喜、工会主席杜永仁、总工程师孙豹、财务总监张安玲等公司领导

羡慕的能手不说，工人也得到了个一辈子都能吃上饭的铁饭碗。

高元坤心里清楚，能够从事该项工作，是厂领导对他的信任，更代表着厂里对他的重点培养。而更让高元坤高兴的是，张元开亲自把他领到车间，并交代了他许多注意事项与要求。当然，这也是张元开对新来职工常做的一件事。

但让张元开没想到的是，他临走时高元坤深情地说："谢谢厂长！谢谢师父！"也许就是"师父"这两个字，让张元开心中一暖。一个年仅十八岁的学生，能够喊出"师父"，这实在太难得也太可贵了。也许正是"师父"这句称谓，让他们真正建立了师徒关系，以至于后来二人纵使身处不同行业不同工作岗位，仍互相学习、互相鼓励，互相做出了一番事业。

高元坤善于学习和钻研，他早来晚走，利用空闲时间认真看书学习。在工友的带领下，他很快就熟悉了钳工基本知识和技能，掌握了车铣刨磨、公差配合等装配工艺，迅速成为车间骨干技术能手。

山东沂蒙轴承股份有限公司董事长张元开、总经理张安喜、总工程师孙豹在力诺集团会议室与力诺集团总裁高元坤、党委书记苏林颂等领导座谈交流

（2）师父教诲记心间

转眼就到了高元坤来企业的第三个年头。正当他一心一意干工作的时候，厂办接到通知，上级部门要把高元坤调到县银行部门工作。高元坤听到这个消息，当时就回绝了。他说他不想离开轴承厂，不想离开张元开师父。高元坤的父母深知高元坤与张元开的深厚感情，也很犹豫。后来高元坤的父亲找到厂里，想听听张厂长的意见。

张元开知道这事后，就把高元坤叫到办公室。不管张元开怎么说，高元坤还是不想离开。张元开也不想让他走，因为他工作认真、积极能干，是个好苗子。张元开有些伤感，但还是说道："元坤呀，我也舍不得你走，我也知道你对企业对我们大家都有感情。但是，既然上边调你去，你就必须服从命令，听从指挥，这事没有丝毫余地。"

高元坤听到这里，眼泪立刻涌了出来。他认真地说："沂南县轴承厂是我人生的第一个落脚点，也是我工作的起点，在这里我学到和收获了很多东西。尤其在您身上，我看到了艰苦奋斗、奋力拼搏的创业精神，我会永远记住这些的。"

"既然你一直以师父相称，那我就认下你这个徒儿，我们也算师徒一场。

你要走了，我没什么可送你的，只送你一句话——以后你不管到了哪里，不管干什么，只要沉下心来用心做事就行。”

就是这么简单的一句话，高元坤铭记在了心间。

高元坤后来去过很多地方工作。县银行、沂南县制鞋厂、县工业供销公司、县经委、县日用玻璃厂、力诺集团。不管在哪里，他都踏踏实实，一步一个脚印。他始终信奉一条格言——“事要做大，人要做小”，这与师父张元开的“低调做人，高调做事”如出一辙。高元坤同师父一样，从来不看重个人的光环。

（3）互相学习情动人

在张元开71岁那年，他的视网膜脱落，眼底出血，视力非常差，糖尿病并发症也很多，可他仍组织公司中层以上干部80多人，去力诺集团考察学习高元坤的管理经验。他把每一次参观考察，都当作一场珍贵的学习盛宴，不断寻找企业管理的途径与真经。

2004年7月，力诺集团举行太阳能新厂房落成投产典礼，高元坤专程把师父张元开接去，张元开在典礼上亲眼目睹了时任德国副总理兼外长菲舍尔专程前来剪彩的一幕。

每当张元开谈起力诺，说起高元坤，他总说这是沂蒙家乡人的荣耀。张元开为有这样一个徒儿深感骄傲与自豪。

英雄相惜，师徒情深。在张元开去世以后，高元坤时常怀念师父，他的音容笑貌仿佛就在眼前。为了纪念师父，高元坤专程来到师父老家，见到张元开长子张安喜后，便把他想给师父雕塑铜像的事说了，张安喜听到这个喜信，非常激动也非常高兴。

张元开雕像落成那天，长子张安喜根据父亲生前低调的品性，只邀请了他的部分好友和职工参加揭幕仪式。当大家看到这尊雕像时，一股崇敬与思念

力诺集团总裁、张元开爱徒高元坤为师父诞辰八十四周年雕塑的铜像

之情油然而生。

张元开雕像轮廓清晰，棱角分明，形象逼真。高元坤让人在雕像底座背面镌刻了两行字：“拓耕实业鞠躬尽瘁，师范父教点石成金。”这16字，既是对师父张元开的高度评价与总结，也代表了徒儿高元坤对师父的感恩之心。

附　录

口述历史

01【编者的话】

忆往事，思故人。在牛泉然的记忆里，为轴承的事情，张元开给了他不少“惊”和“喜”。“元开是个好人。”一想到这位去世的老朋友，眼泪就在牛泉然的眼睛里打转。牛泉然因张元开对轴承厂的执着而感动，又因失去这样一位老友而久久不能平静。

有“惊”也有“喜”，这就是张元开

口述人：中共沂南县委原书记　牛泉然

他这个人，找政府办事儿，办不成，他不管你上班还是不上班，下班还是不下班，蹲在你办公室门口就不走了。这就是张元开。他还一度蹲点蹲到济南去了，让我给解决户口问题。但不是为他自己，而是为他们厂一个副厂长的家属。

那是1992年底，我在济南参加科技兴鲁表彰大会，张元开和他的办公室主任徐以海就追我追到济南，找到我住的地方，为的就是给他们单位王副厂长的家属解决户口问题。见到他时，他着急忙慌又手足无措的，我让他坐下来慢慢说。随后，我领着他们到劳动厅、人事厅、公安厅各个地方咨询了一下情况，跑到下午一点钟，吃完饭我赶回去开会，他们就回沂南了。

晚上，我正休息呢，有人敲门，我一开门，吓了一跳，他们又返回来了！仔细一问才清楚，他们返回来是让我写封信，他们好拿着回去给王副厂长的家属说一下，我就犹豫了。这个事儿能不能解决我也不确定啊。元开说，“解决了，这事儿皆大欢喜。实在解决不了呢，这也证明我们确实尽力了，对他们也好有个交代。”

徐以海后来跟我说过，当张元开知道王副厂长的家属最终拿到户口指标的时候，激动地直掉眼泪，连说一辈子也不忘我给他们办的这个事儿。我呢，是看着张元开他不是为了自己的事儿，是为了别人的事儿这么上心，我也是被他感动了。

张元开是个有故事的人，他的成长经历很不简单。他是个能吃苦的人，在苦中，他有了压力、毅力，干事业就有了一干到底的坚持。

我跟张元开在工作中接触颇多。1987 年的正月初六，我任沂南县县长，分管工业。当时他的厂子坐落在离县城比较远的张庄镇。刚开始我对轴承行业还不是很熟，张元开就陪着我这个“门外汉”挨个车间转，让我把制造轴承的整个过程学习了一遍。

看下来以后，我认识到，凡是机械的各个关节都要用到轴承，没有轴承机械就不能活动。轴承是整个机械行业的一个基础，而工业一旦是基础工业，就少不了技术作支撑。

一次开会，我在会上就要求每个企业必须靠上一个大专院校，靠上一个科研单位，靠上一个专家教授。估计张元开在会上就有了想法了。会后他就跟洛阳轴承研究所加紧了联系，有什么技术难题就去学习，并请洛阳轴承研究所的专家来厂里指导。后来又与他们搞科研生产联合体。

回想起来，张元开不仅是一个有故事的人，还是一个能给你带来“惊喜”的人。张元开他们公司跟洛阳轴承研究所搞科研生产联合体挂牌仪式的事，我是记忆犹新，他弄得我还很突然。

那天，我还在开会。他给我打电话，说机电部来人了，洛阳轴承研究所来人了，让我去致辞。我是一点准备没有。

上台我就鞠躬，因为我开完会赶过来让大家久等了。随后就代表县委、县政府对科研生产联合体的成立表示祝贺，并对各位嘉宾百忙之中参加活动表示感谢。活动后，我就找张元开，问他为什么不提前跟我说一下，好让我准备一下。后来徐以海跟我解释说，因为准备出席挂牌仪式的县领导出差没赶回来，他就找到我了，给了我一个“惊喜”。

张元开是一个很好的人。你批评他，他就光嘿嘿地笑，你表扬他，他也是笑。他不是为了得到领导的表扬干这个事儿，他就是为了事业怎么能够干好。他的思想很纯，他也很能吃苦。

忆往事，念故人。人年龄大了容易怀旧，一想起来元开我就忍不住掉眼泪。我一看到张安喜就想到张元开，他跟他爸爸长得太像了。张元开下葬的那天，我给了安喜 600 块钱，让他给他爸爸捎瓶酒，让他在坟前替我说句：“临沂的牛泉然看你来了。”

多么朴实，多么让人感动。一个是县委老书记，一个是企业厂长。这就是感情，一份真挚纯净而又珍贵的感情。

02【编者的话】

认识张元开时，刘洪明就知道张元开是个“人物”。他们两个，一个管理轴承厂，一个管理鞋厂，在同时代，志同道合的他们英雄惜英雄。从政后，刘洪明一直关注和关心着张元开，也就有了这段鲜为人知的故事。“战友”虽然故去，但张元开在刘洪明的“英雄谱”里依然是个人物。

他一直是个传奇“人物”

口述人：沂南县人民政府原常务副县长 刘洪明

1969年，我在沂南县机械厂当工人。张元开从北京天安门参加观礼回来后，上沂南县各个厂子去作报告。他到我们厂里作报告时，我就在台下听，也算是第一次近距离接触张元开。也就是从那时候起，我知道了张元开支起9只红炉“闹革命”的事迹，知道了他是个很厉害的人物。

后来我从机械厂调到鞋厂。一次，我在会上发言说，鞋厂到现在穷够了，我们要开始奋起。到1990年，企业已经成为沂南县的利税大户。我直接从声乐鞋厂党委书记、厂长调到沂南县当副县长。这时候因工作需要我跟张元开接触多了，对他就更了解了。

上任自然要走访企业。他是老模范、老先进，我第一站自然上他那里去。到他那里，发现他有点落魄，很颓废很消极。一问才知，他亲自领导9只红炉“闹革命”的厂子已经不是他的厂子了，甚至他的办公桌都被抬出来了，他显得很狼狈。他当时承包了大理石厂，开始了“二次创业”。但他跟我说，他还不服气，还想干轴承，可是县里考虑到整体规划布局，对他这个想法不很支持。我知道他是老模范，想做贡献想干事业。从他企业走访完，我就跟县长黄宜全、县委书记牛泉然汇报了情况。

第二次去看他，是我和黄县长一起去的。调研后，沂南县政府决定全力支持张元开二次创业。张元开知道这个消息后很兴奋，高兴地快要跳起来。

那天，我领着张元开找牛书记汇报工作，并表示现在厂子连名字也没有。牛书记想了一下，想着既然他叫张元开，那就起名“元开轴承厂”。但为了规避矛盾让事情顺利办下来，我就给变通了一下，给厂子起名为“沂南县第二轴承厂”。一段时间后，企业又改名为“山东沂蒙轴承厂”。

我干过鞋厂厂长，因此特别能理解干企业的不容易。二次创业后，张元开想与洛阳轴承研究所重新建立合作，他邀请我同他一起去洛阳轴承研究所商谈相关事宜。没想到，洛阳轴承研究所的徐所长见我的第一句话就是，“你来干什么？”弄得我很尴尬。我说，“我来看看你，对你过去支持沂南工作表示感谢。”这一句话后，徐所长就开始转变态度了，因为他知道我们沂南县政府是支持这个联合体的。其实我心里也清楚，他们与山东沂蒙轴承厂再次建立合作主要还是因为看中了张元开实干的精神。

第二次与洛阳轴承研究所成立科研生产联合体时，挂牌仪式我也去了。挂牌时张元开还闹出了个笑话，这个笑话我也是记忆犹新。挂牌仪式上他组织了学生拿着花环欢迎领导，他是憋着一股劲儿，想把这个挂牌仪式弄得热热闹闹、红红火火，竟然脱口而出“多弄点花圈”，惹得大家哈哈大笑。

张元开的家属一直没有工作，他压根也没想着给家属安排就业。他自己也一直是普通工人身份，干了54年，71岁办理退休，最后才拿1200块钱的退休金。他不想其他的，只想干事。

张元开是个好人，我支持他不只是为了张元开本人，而是我们都是干事创业的人。有非议我们一起扛，我们是兄弟。我们共同见证了沂南县工业最好的时期。

03【编者的话】

公维禹跟张元开的相识始于一场车祸救援。在公维禹眼中，张元开就是一个拼命三郎，他热爱轴承胜过爱自己的生命。在轴承面前，张元开自己的年龄从来就不是事儿。“这个老头儿有使不完的劲儿”，张元开的拼命精神令公维禹深感佩服。

他就是一个拼命三郎

口述人：临沂市公路局局长 公维禹

第一次见到张元开的场景，我现在还记忆犹新。那是20世纪90年代初，我在蒙阴县岱崮镇当党委书记。一天，我收到消息，镇政府附近发生了一场车祸。我赶紧赶了过去。到现场才知，张元开的司机因过度疲劳，驾驶着汽车飞过两米多宽的水沟，将一根高压电线杆撞断。张元开当时在车上睡着了，直接从车里滚了出来。所幸，张元开和司机都没事儿，但是车陷进地里去了，我们大家一起想办法把车拖了出来。

1997年换届时，我来沂南县任副县长，张元开那时还在沂蒙轴承厂。我正好分管工业，上任后我就先去他的企业看看。他跟我说，厂里现在发展遇到难题，需要突破，找到的突破口就是与洛阳轴承研究所合作。从那以后，我就经常陪他一起到洛阳出差。

当时沂蒙轴承厂号称是山沟里飞出的“金凤凰”，就在于张元开非常重视科研，重视研发。他曾经开玩笑地跟我说：“厂里很多工人都是头一天还在地里背着粪箕子，第二天就上班当工人了。”为了提高员工的技能，他就想着必须对工人进行培训，把农民打造成工人，这样才能把企业干起来。

我跟他接触后发现，他能连续不断地出差，而且出差时为了节省时间他都带上两个司机（这个司机累了，另外一个司机继续开）。除此之外，他饿了就在路边啃个锅饼当饭，吃完接着上车。上车就睡觉，下了车就去办事儿，从来没见他抱怨过出差累。

一次，我和他出差，吃完饭回到宾馆，他跟我说，公县长，咱回去吧。我一看都晚上 9 点多了，再回沂南路上也不安全啊，就没同意。在工作中他就是个“拼命三郎”。

张元开对我很尊重，他还很幽默。1999 年，沂蒙轴承厂发展遇到了一点儿困难。一次开座谈会时，我问他厂里发展如何了。他打趣道，公县长，我现在是玻璃缸里养鱼，前途光明，走投无路啊。面对销路问题，他不是找领导发牢骚，而是自己使出浑身解数拓展市场。

但在融资方面，他就经常寻求政府的帮助。他经常跟我说，你得做做工作，金融部门不能光做锦上添花的事儿，也要做做雪中送炭的事儿。

现在我印象最深的就是当时他们企业要上市，涉及产权关系调整、企业内部机构调整等，他也不是很专业，就来找我，让我帮忙给出主意，想办法。我也不是很懂，就成立了一个小组，把体改办的同志、经委的同志都叫来，大家一起帮他理顺，前前后后忙活了好几个月。

后期，我工作调动了，但跟老厂长一直保持着联系，我很关注他，他也信得着我。一些合作项目我觉得不合适的，他也听我的建议。跟他相处这么多年，我也明白，这个老头身上有股锲而不舍的劲儿，他就算是活到 100 岁，估计 98 岁的时候也准备干企业。

04【编者的话】

于公，李瑞笃称呼张元开“厂长”。于私，李瑞笃与张元开是连襟，喊他“姐夫”。作为建厂元老，李瑞笃与张元开以厂为家，求学归来后厂里的变化更是让李瑞笃感受到了厂长对技术的重视。在李瑞笃看似平淡的话语背后，是他们数十年如一日坚持不懈的努力与默默无悔的付出。

大“家”小“家”都是家

口述人：李瑞笃

张元开是我们厂的厂长，也是我的姐夫。

有一天，他上车间里跟我说：“今年上级给了个名额，让厂里推荐一名工人去济南上大学。经过综合考虑，厂里推荐了你和王家宝。你们俩要去体检，谁体检通过了谁就去上大学。”我跟家宝一起上孙祖公社医院体检。他血压高，还有色盲，最后厂里就选取了我。我心里那个高兴啊，心想一定好好学习。临走前老厂长对我说：“好好学，回来还得为人民服务。”

毕业后，我回临沂报到，那时候组织研究决定，让我去公路站。我说，我得回去与张元开商量商量。但他不同意，他说，企业推荐你上大学，现在毕业回来了，企业更需要你。他这么一说，我想也没想拿起行李就回企业了。因为我是企业培养出来的，从1956年参加工作就在这个厂子里，打心底里也不想离开这个有感情的地方。

放下行李，我就直接进车间了。当时企业变化太大了，生产车间添置了电机、磨床等设备。我回到钳工车间继续工作，干劲儿十足。在车间干了两年多，我又被调到质量管理科。

毕业回厂我不后悔。他是我的厂长也是我的连襟，于公于私我们相处得都很好，我很尊重他。他也从来没有因为我是亲戚，所以对我“别开一面”。相反，他对我的要求更高。

他平时工作很忙，一心扑在事业上，家里的一些事情就顾不上。外甥（张安喜）七岁的时候，个子都没磨碾子高，早上四五点钟就起来推磨烙煎饼。张安喜小时候真的吃了很多苦。那时候家里有地，张元开忙得不可开交，无暇顾及，耕种的时候，张安喜四五点钟就起来干活，有时候邻居看他太小也过来帮忙。厂里分了煤炭打煤球，张安喜那时候才 10 岁，这些事都是他自己干。

现在我看着这些小辈的成长感到极为欣慰，我在有生之年，要替老厂长看好厂子，替姐夫看好孩子们。

05【编者的话】

打开记忆的大门，一桩桩故事像潮水般向孙继华涌来。孙继华毕业后便进厂工作，自此开始了与老厂长张元开的故事。回忆起与老厂长一起共事的时光，孙继华认真的表情下，是对老厂长的敬重，心中对老厂长的那份不舍让孙继华泣不成声。孙继华说，老厂长是他踏入社会后，对他影响最大的人，而这种影响一直挥之不去。

老厂长对我的影响挥之不去

口述人：孙继华

2020 年新年前夕，我们几个同事自发搞了一场纪念进厂 50 年的自由聚会活动。轮到我发言时，我说，我一直以是轴承厂的人自豪。轴承厂出来的人，做事都比较专业、有耐心。

1972 年，我进厂参加工作，那时我才 16 岁。进厂后我被分到厂里最艰苦的一车间——红炉车间，这个车间负责产品生产的第一道工序。在这里，钢材被加工成钢圈的毛坯。

老厂长工作起来不要命，简直就是个“铁人”。1974 年左右，他的腰椎间盘突出已经很严重了，所有矮的东西都不敢坐，要坐就坐在一把高椅子上。但当时厂里正好处于非常关键的爬坡期，他一天也没休过，开会就找个桌子角倚着。

企业发展很快，规模持续扩大，一天最多能用 4 吨煤，靠计划的煤炭根本不够用。那时候煤炭供应又非常紧张，后期他联系上了泰安新汶市那边的东都公社（那里有个地方煤矿），由他们供应煤炭。

一天，我正在厂里上班，车间主任突然告诉我，厂长找我，后来我才知道厂长让我上蒙阴那边联系车辆，然后往厂里运煤。那时候我住集体宿舍，8个人住一间屋。那时候年轻，特别能睡觉。有一次，他叫我的时候，我还在睡觉，他直接把被子一掀，拿着鞋打了我两下，硬是把我叫醒了。后期我就形成了一个习惯，他只要一推门，我立马就起来了。宿舍里8个人有上白班有上夜班，出来进去的，从来吵不醒我，但只要他一进门我立马就起来了。

有时候我也陪他一起去济南谈业务。他腰不行，坐长时间的车，下车我得慢慢扶着他。那时候我小，还想着下车怎么这么费劲。后来我才知道他当时有多疼，但是他从来不休息。

1974年的冬天，我永远都忘不了。快过年了，新汶市突然下了大雪。从新汶东都镇到沂南的班车暂停了，急得我不行，我想我怎么回家过年啊？突然，腊月二十六那天，老厂长冒着雪，带着车来接我了。他说，“小熊孩，你要不在这里，我不稀得来。”这句话，我现在都忘不了。

那时候新汶是个煤城，看到有卖韭菜的，我们就每人买了一把。韭菜当时是“奢侈品”，很贵，老厂长非要替我交钱。我们两人都没有生活经验，将韭菜放在货车顶上。结果回来的时候，菜都冻烂了，没法吃了。

我从16岁入厂，在厂里一共待了6年半的时间。这6年半，我跟着老厂长学会了做人，他对我的影响是入骨的。在厂里的时候，我一直是全勤，头疼感冒也从不请假。当时的全勤奖奖品是一个大脸盆外加一条毛巾。后期我换了很多岗位，也当过领导干部，但老厂长对我的影响一直都在。

06【编者的话】

老厂长张元开对乔建军的职业生涯产生了极大影响。当他回想起自己与张元开老厂长一起共事的故事，往昔的那些日子就像快进的录像带一样重现于乔建军的眼前。每当到了重要节点，到了那些让他印象深刻的画面，镜头就会暂时停顿下来，与老厂长一起钻研技术的画面便让乔建军始终铭记在心。

老厂长是我职业生涯中的主角儿

口述人：乔建军

我是1974年入厂的，先是在滚子车间当学徒。到了1980年，我就在车间里当车间副主任了。

当时厂里有一个难题，就是滚子质量一直提不上去。滚子对轴承的工作性能有很大的影响，它不圆就会影响轴承的寿命。老厂长联系了上海滚动轴承厂并把我派去学习，他让我好好学习，想办法把滚子质量提上去。我在那里学了一个月左右，基本上学会了滚子处理的相关方法。

但后来又发现滚子球面弧度总也不达标，老厂长就此又派我去烟台学习。我去烟台又学了20天左右，回来就基本上解决了滚子的弧度问题。

他早晨起得很早，往往四五点钟就起床了，起床后他习惯先去车间转一圈，随便找个水管子洗一下头，然后再在车间里转一圈，接着才回家吃饭。只要他不出差，每天都来车间转一转，这是他的习惯。来车间他也不是简单看看，而是细致地看，看到哪个地方有问题，就对我说，该出去学习学习，该买的买。

别看他出差的时候老啃锅饼，会过得很，但是在技术方面特别舍得投入。

后来，他让我担任车间主任。当时我年纪小，觉得干车间主任压力挺大。但他特别信任我，让我很感动。

老厂长二次创业的时候，我就调走了。但我一直很关心他。他曾经专门找过我，跟我说，新厂的保持器、滚子车间都还得建，我干车间主任很多年，技术水平高，让我考虑一下要不要再回来干。但因我刚刚调到县工业供销公司分管业务，走了也不合适。到最后，我就跟老厂长说，你有什么需要我的，我就去给你帮帮忙。

一次，厂里的设备液压方面出了点小毛病，老厂长找到我，我立马就过去帮忙处理，基本解决了问题。老厂长只要找我，我只要有时间，立马就会赶过去。我虽然离开厂了，但是感情还在。老厂长去世前，我们每年都会去看看他。一次，我们去了 40 多个人，把他高兴的，杀了一头猪招待我们。

与老厂长一起走过的日子仿佛就在眼前，可他已经离开我们快十年了。

07【编者的话】

说起张元开老厂长，国秀英不由回忆起了那段对她来说重要至极、丰富多彩的时光。国秀英至今仍清楚地记得当年在磨工车间里发生的故事，那时就连生活中的琐事都散发出不同的魅力。至今，进厂那天的情景，国秀英仍历历在目，老厂长那一声“小国”仍在国秀英耳畔回响。

老厂长就是我们的大家长

口述人：国秀英

以前每年大年初一，我们几个女同事都约着去给老厂长拜年。

在他去世前的几年，他的糖尿病并发症很厉害，眼睛视力下降得很明显。但他仅凭声音就能分辨出来我们是谁。我跟他握握手，问他，你认识我是谁吧？他一听声音就说，你扒了皮也认得你骨头，你是小国。

算起来，我们几个跟老厂长认识都快 50 年了。我是 1970 年入厂的，我们那批职工共有 30 个人进厂。那时候没有车，老厂长安排了一个小毛驴地排车，上县城里给我们拉行李。我们一路上拉着呱，跟着地排车就往前走，累了就坐在地排车上休息一会儿。

进厂那天很兴奋，现在想起来就跟昨天的事儿似的。那天真正让我感受到了大集体的氛围，许多人涌到大门口欢迎我们的到来。宿舍就在一个小厂房里，我们睡在一个大通铺上。大通铺很简单，就是在干草上铺了个席子。但是我们年轻，谁也不觉得艰苦。我们那批 30 个人，共有十几个女同志，被分在了好几个宿舍。老厂长见我瘦小，就把我分到了人多的宿舍里，好让老同志照顾一下我。

住了一年多的大通铺，企业发展得好了，就给我们盖了宿舍楼。1974 年，我们就都搬到宿舍楼上去了，4 个人 1 个房间，条件特别好。

我干的工序是给轴承的外径抛光，稍微有点累。我个子小，长得瘦弱，厂长总是喊我“俺这个小不点儿”。一次，有领导来厂里参观，正好走到我面前。厂长说：“你看俺这小不点儿，干这个大磨床，多厉害。这一道工序很重要，是磨外圈的。一个产品不但内在质量重要，外观也很重要。”厂长经常说：“俺这个小不点儿，干工作很认真很卖力。”

有一次张师傅家里有事，我和振堂（音）换那个大砂轮。那是 600 直径的大砂轮，大无心磨。厂长正好看到，一溜儿小跑过去，帮我们抬着大砂轮，我和振堂借势就把 600 直径的大砂轮换上了。平时，我们两个女的没有那么大的力量，都是先抬着搁在腿上，再一点点往上抬。老厂长这一搭手，我们俩很轻松就干完了。但他还说：“俺这个小不点儿不孬，怪有力气能干。”听到老厂长表扬，我心里激动得很。

老厂长转车间的习惯我们都知道。不管有多少个车间，他都挨着个儿转。转到哪个车间，遇到顺手的活儿他要么搭把手帮忙，要么就直接干了。在车间里，产品研究合格了或是出产品了，他都高兴地手舞足蹈，连蹦带跳。7 系列产品研究成功的时候，厂长更是高兴不已。

我和我老公工作都很忙，孩子小，没人看。厂长一次对我说，“你把孩子抱来让你婶子帮你看着。”我们每个员工遇到困难时，他都热心帮我们解决，就跟个大家长似的。我们都尊敬他爱戴他。他退了以后我们就喊他“张叔，张叔”，对他就跟对待父亲一样。

他对自己亲戚反而严格，李瑞笃是他连襟，但他对李瑞笃特别严格。

老厂长自己文化程度不太高，但是他特别尊重有知识的人。平时工作遇到专业难题，他就请专业人来帮忙，这让我们很佩服。

我们进厂的时候，厂里没多少先进的设备。现在，企业发展得很好，车间里全部都是先进设备，这让我们很开心。老厂长离开我们好几年了，但是我们还是会经常想起他来，想起我们一起度过的时光，那是我最珍贵的回忆。

后 记

很多时候，我们之所以忘不了一个人，常常缅怀他，纪念他，不见得他有多么惊天动地的壮举，兴许他就是一个曾经工作生活在我们身边的普通人。在张元开普通而又平凡的人生里，却折射出他不甘平凡、创造奇迹的人生故事。在那些故事里掺杂着他人生的诸多回忆，而那些回忆是不可替代的。于是，就有了《平凡的人生》一书。

本书作者徐以海就是文中办公室主任“以海”，他曾跟张元开朝夕相处工作生活了许多年。亲身经历和见证了张元开对事业的矢志不渝、百折不挠。也可以说他作为一个旁观者，证实了一切平凡工作，都可以创造不平凡的成就。

生命之所以有意义，是因为它会停止。所以人生需要拼搏，生命需要奋斗，放弃拼搏与奋斗，人生将碌碌无为、一事无成。有梦想的人永远不会惧怕困难与挫折。在本书中，张元开面对挫折，他不放弃，不退缩；面对不公平的对待，他没有计较，没有抱怨。而是越挫越勇，默不作声，默默奉献。这是张元开所具有的沂蒙精神信仰。应该说在他一生的艰苦创业中，他是矛盾的、痛苦的，但也是幸运的。因为面对命运的无常，遭遇挫折，经历艰难困苦，他也始终不曾迷茫，知道方向，并用尽全力一直往前走。只有当你知道该往哪里去，该往哪里使劲用力时，世界就真的为你让步了。于是，他的敬业、他的积极、他的勤奋、他的奋斗、他的吃苦、他的乐观、他的工作、他的事业，也让他一步步实现了梦想。他一生都在为理想奋斗。《中国企业报》有个记者说：他是一个人格魅力四射、充满传奇色彩、叱咤风云的人物。他是一个时代的缩影，他所做的一切事情，注定会在历史的厚壁上留下深刻的印记。张元开虽然离开了这个世界，但他艰苦创业、无私奉献的精神将成为一块丰碑，激励鼓舞着后人，他堪称新一代创业者的榜样。

回望一个人，回顾一种精神，笃定一条前行的道路，获取一份前行的力量。当他离世后，我无法忘记那一幕幕与他有关的工作生活的情景，无法忘记他那曾经鲜活慈祥的面容、孜孜不倦的身影，更无法忘记他那勤奋耕耘的品格风范。每当静静追思，深深缅怀他创业的艰难坎坷，就想把最深情的思念、最崇高的敬意、最美好的回忆，寄托在这字里行间。这将是我一生最珍贵的记忆和最宝贵的财富。可惜我的写作水平有限，不能很好地书写表达，在此深表歉意。他艰苦创业的动人故事很多，事迹都非常突出，在这里只是写了我经历的知道的。相信这些动人故事，已经感动、鼓舞、鞭策、激励了很多人。如今，每当想起曾供职的企业，想起当时的张元开厂长，我的内心就涌起感激之情，是企业为我提供了一个施展自己业务能力的平台，他的言传身教，让我爱岗敬业、勤奋工作、尽心尽力去做好手头的一切。本来我有机会走出企业，离开他，到局机关工作，那曾是我人生一次重要的转折，他也希望我走，可最终我还是放弃了，毅然决然留在了企业。正是当初的选择，才有了这本书的问世。让我知足的是，企业文化让我获益良多；让我常乐的是，企业生活给予了我很大的收获与启发；令我满意的是，拙作还是如期完成。我还清楚记着他老人家常说的话：工作没有贵贱高低之分，记住信仰与作为，世界都是你自己的。不要以为工作是平淡乏味的，当你满怀感恩之心去工作生活时，你就会很容易成为一个有追求、有趣味的人，一个有责任感、有事业心的人，一个有亲和力和影响力的人，一个有着独特个人魅力的人。今天细细品味这段话，他的一生何尝不是这样走过的！只可惜当初愚笨，没有深刻地领悟，还好，如今我领会到了，工作着是美丽的，只要工作着，就是一个有趣味的人，就是一个幸福的人。

一个创业者最大的追求，永远不是人生的富有。一个成功的创业者始终源源不断地为社会创造财富，给大家带来福利与希望。他看透也吃尽了创业的艰难困苦，依然痴心不改，坚持拼搏奋斗，最终把生命毫无保留地献给他所追求的事业。张元开就是这样一个无所畏惧的创业者、企业家。

在本书采访写作过程中，我得到中共沂南县委原书记、临沂市人民政府原常务副市长、临沂市政协原副主席牛泉然；中共沂南县委原书记、临沂市政协原副主席杨荣三；沂南县委原常委、县人民政府原常务副县长，临沂市招商局原局长刘洪明；中共沂南县委原副书记、县人民政府原县长李日升；中共沂南县委原常委、宣传部原部长，中共临沂市委原副秘书长、市委群众工作部原部长、市信访局原局长郑法祥；沂南县人民政府原常务副县长、沂南县政协主席、临沂市公路局局长公维禹；临沂市委党史研究院原院长李洪彦；中共沂南县委原常委、县委办公室原主任，中共临沂市纪委原常务副书记、市监察局原局长王长利；沂南县张庄镇党委原书记、中共临沂市纪委原副书记、临沂市监察局局长朱承增；沂南县人民政府原常务副县长满玉成；沂南县人民政府原副县长、县人大常务委员会原副主任王俊庆；沂南县工业局原局长、沂南县人民政府原县长助理王京良；沂南县界湖镇委原书记、县劳动和社会保障局原局长车尊友；沂南县安监局原局长马士专；沂南县委宣传部原副部长杨桂柱；沂南县档案局原局长李先国；沂南县委宣传部原副部长陈荣海；沂南县委组织部原常务副部长姜自忠；沂南县委宣传部原副部长薛杰；沂南县作家协会主席高军；沂南县著名作家刘京科；沂南县文联原主席、县委宣传部原副部长仲崇军；沂南县公安局张庄派出所原所长、特巡警大队大队长苏永华；沂南县新闻中心办公室原主任岳希利；沂南县市场监督管理局陈云等同志的大力支持帮助，他们还为我提供了大量宝贵的资料。在此，我表示衷心的感谢！

特别声明的是，从本书开始酝酿到初稿完成，全程得到沂南县委原常委、县委宣传部原部长、县委办公室原主任、县政协原副主席李遵刚的认真指教。其严肃认真的态度，一丝不苟的学术精神，精益求精的作风，让我深受鼓舞鞭策。在此，向您致以诚挚的谢意。

在民族工业机械制造业日渐强盛且愈加得到国家重视的今天，能为张元开这样一个为了自己的追求，痴心不改，奉献社会，尽忠报国，从事工业机械制造业整整54年，并为之奉献了一生的职业工人企业家撰写人物传记，让我倍感荣幸。谨以此著作为纪念，惟愿张元开及其以学办企、以教兴企、实业报国的精神得以传承发扬，在当下中国闪耀时代的光芒。

徐以海

2022年5月1日